3

伊藤 真
実務法律基礎講座

ITO MAKOTO
JITSUMUHOURITSU
KISOKOUZA

BASiCS ▶▶▶▶▶

伊藤 真 ▶監修 伊藤塾 ▶著

知的財産法

第5版

弘文堂

シリーズ刊行に際して

1 実務法律の初心者にもわかりやすく

　本シリーズは伊藤真の試験対策講座シリーズの姉妹編である。司法試験、司法書士・社会保険労務士・行政書士・弁理士・公務員試験などさまざまな試験を突破して実務に就こうとされている方のために実務法律をわかりやすく解説した。また、企業の法務部や現場において日々、実務法律と格闘しているビジネスパーソンやこれからなろうとしている方、大学の試験対策として実務法律を効率的に学びたい学生のためにも有益であると信じている。

　どのような法律であっても、国民のためのものである以上は、わかりやすくなければならない。また、わかりやすく解説できるはずである。そこで、法律を使って仕事をする実務家の方がみずから実務法律を学習する際に、必要十分なレベルを保ちつつ、わかりやすく学習していけるように、ナビゲーターとして本シリーズ「実務法律基礎講座」を刊行した。本シリーズをきっかけとして新しい実務法律に興味をもっていただけるとうれしい。

2 実務において法律を使いこなせるようになること

　実務の現場はOJT（オン・ザ・ジョブ・トレーニング）による訓練が中心になることが多い。しかし、どんなに貴重な経験を積むことができても、その経験の意味がわからなければ、その経験の価値は半減しよう。実務の現場で起こるさまざまな問題もその理論的な背景が理解できてこそ、さらに応用が利く貴重な財産となる。そこで、本書は、実務で起こるさまざまな紛争の理論的解決の糸口となるように、各種法律を使いこなせることを目的としている。将来、自分の力で解決しなければならない紛争に直面したときに、自分の頭で考えることができるように基礎力をつけておくのである。本シリーズの各書はそのために必要な基礎知識を網羅している。実務に就く前に読んでおくなり、通勤途中で読むなりしておくことにより、実務法律の基礎固めができ、法律を使いこなせるようになる。

3 短時間でマスターできること

　法律を使いこなさなければならない実務家は忙しい。じっくりと体系書を端から端まで読んでいる時間はないのが普通である。そこで、本シリーズでは、必要な基本書、体系書の必要な部分を見つけて読みこなせるように、各種実務法律の全体像を短時間で把握できるように努めた。

　もちろん、本シリーズによる理解はある程度、概説的なものである。しかし、最初に短時間でその法律の全体像をマスターすることは、どのような法律の学習であっても必要なことだと考えている。本シリーズで全体像を学んだ後に、本格的な基本書・体系書で必要な知識の補充をすることにより、本シリーズで学んだ骨格に血肉が付き、より本格的な理解を伴った実務運用が可能となるはずである。

伊藤　真

『知的財産法[第5版]』はしがき

　2012年に刊行された本シリーズの第4版は、知的財産法を学習する学生やビジネスパーソンの入門書として、多くの方に読んでいただくことができた。うれしいかぎりである。

　第4版を刊行してからすでに8年半余りの年月が経過した。この間、社会のデジタル化が一気に加速し、知的財産法に関する法改正も次々と成立した。そこで、これらの法改正や、新たな重要判例に対応するため、版を改めることとした。

　法改正としては、特許法について、2014年(特許異議の申立て制度の創設)、2015年(職務発明制度の見直し)および2019年(損害賠償額算定方法の見直し)の改正、著作権法について、2014年(電子書籍に対応した出版権の整備)、2018年(デジタル化・ネットワーク化の進展に対応した権利制限規定の整備等)および2020年(インターネット上の海賊版対策の強化等)の改正、商標法について、2014年(色彩や音への保護対象の拡充等)および2019年(公益著名商標について通常使用権の許諾制限の撤廃)の改正、意匠法について、2019年(画像や建築物、内装デザインへの保護対象の拡充等)の改正、不正競争防止法について、2015年(営業秘密の保護強化)および2018年(データの不正取得等に対する民事的措置の創設等)の改正といったものがある。これらのうち、特に重要な法改正については、今回丁寧に記述した。

　重要な新判例としては、特許法において、プロダクト・バイ・プロセス・クレームに関する最高裁の判決や均等侵害に関する最高裁、知財高裁の判決、著作権法において、応用美術の著作物性や侵害主体論に関する知財高裁の判決といったものがある。

　なお、知的財産法の全体像について、わかりやすく説明するという本書の基本方針は変わっていない。加えて、この第5版では、以下の点についても留意して改訂した。

・AIやデータといったデジタル化社会の動向を反映する
・法律や裁判例に加えて監督官庁のガイドラインを重視する
・司法試験でよく出題されている論点の解説を厚くする
・特許法と著作権法についてまとめの設例を掲載する
・独占禁止法について知的財産法との関連に焦点をあてる
・メリハリの利いた学習が可能となるよう章の構成や記述の分量・順序を改める

　知的財産法は、現在、司法試験の選択科目になっている。そればかりでなく、今後予定されている司法試験予備試験の選択科目にもなるだろう。本書が、これから知的財産法を学ぼうとされる学生や受験生、また、企業の法務部で活躍されているビジネ

スパーソンをはじめ知的財産法に興味をもたれた多くの方にとって、良き入門書となれば光栄である。

　今回の改訂にあたっては、司法試験予備試験合格後、2020年度司法試験に合格された赤間晶帆さんと小林優吾さんを主軸に、伊藤塾の誇る優秀なスタッフ、そして、弘文堂のみなさんの協力を得て刊行することができた。また、現在はアマゾンジャパン合同会社にて社内弁護士として勤務されている渡部浩人氏には、第3版および第4版に引き続き、実務上の観点からさまざまなご意見をいただいた。ここに深くお礼を申し上げる。

　　2021年4月

伊藤　真

『知的財産法［第4版］』はしがき

　実務における知的財産権のあり方の把握など、さまざまなニーズに応えることができる1冊として刊行した本シリーズは、2008年に刊行された第3版において、司法試験をはじめとする各種試験の対策としても、多くの方に読んでいただくことができた。そして、第3版を刊行してから4年ほどが経ち、その間に知的財産権をめぐる状況は大きく変化している。たとえば、イノベーションのオープン化に伴って、特許法においては、通常実施権の当然対抗制度が設けられ、ライセンシーの保護が図られた。また、インターネット等の利用が日常化していることに伴い、著作権法においては、デジタルコンテンツの保護を図るため、違法ダウンロードに対する刑罰規定が創設された。このように、われわれの生活と密接に関わるところで知的財産権に関する大きな法改正が次々となされている。そこで、これらの重要な変化に対応するため、版を改めることとした。

　第4版の刊行にあたっては、章の構成等の形式面では第3版と比べて大きな変化はない。しかし、前述したように、知的財産権に関わる各種法律において大きな法改正が重ねられ、従来の制度や論点が姿を消していたりすることから、知的財産法の学習上、必ず知っておくべき重要基本知識を網羅するとともに、最新の法改正にも対応するよう、内容面では大きな加筆修正をした。

　本書が、知的財産法を学習する学生や、実務で知的財産法を扱うビジネスパーソンの役に立つのはもちろんのこと、知的財産権がわれわれの生活とは切っても切れないものになりつつある現代社会において、知的財産権に興味をもった方々の理解の一助になれば幸いである。

　なお、本書の制作にあたっては、法科大学院にて知的財産法を学び、卒業後、伊藤塾スタッフとして改訂に力を注いでくれた贄田智さん、長瀬亮介さん、岳金虎さんをはじめ伊藤塾の誇る優秀なスタッフ、そして、弘文堂のみなさんの協力を得て刊行することができた。また、第3版において作成に携わっていただき、現在は敬和綜合法律事務所にて弁護士として活躍されている渡部浩人氏には草稿段階からご尽力いただいた。ここに深くお礼を申し上げる。

2012年8月

伊藤　真

『知的財産法［第3版］』はしがき

　法科大学院の設立や近年の知的財産権への意識の高まりとともに、2006年に刊行された第2版は、多くの方に読んでいただくことができた。法科大学院での学習や、新司法試験対策に利用してくださった方々も多いと聞く。知的財産権をめぐる状況は、その後も目まぐるしく変化し続けている。たとえば、音楽著作権の売却をめぐる巨額の詐欺事件など、知的財産権を利用した新たな犯罪が注目を浴びるようになった。また、インクカートリッジに関する最高裁判決など多くの重要な判例がだされたり、2008年には、特許の出願段階におけるライセンスを保護する登録制度が創設され、特許等の不服審判請求期間が拡大されるなど、いくつかの法改正があった。そこで、これらの重要な変化に対応するため、版を改めることとした。

　第3版を刊行するにあたっては、学習上の便宜を考え、多くの改訂を加えた。

　まず、章の構成は、これまで大きく工業所有権法と著作権法とで分けていた。しかし、今回、試験において特に重要な特許法と著作権法を重点的に学べるように、特許法、実用新案法を第1章と第2章で取り上げ、第3章に著作権法をおくこととした。次に、第2版の刊行後にだされた重要な判例を新たに加えるとともに、知的財産法の学習上、必ず知っておくべきと思われる事項を補い、多くの解説や掲載判例を差し替えた。また、それぞれの解説の内容がよりわかりやすいものとなるよう、表現を改めた。

　本書が、知的財産法を学習する学生やビジネスパーソンの入門書として、更に役立つことを願っている。

　なお、本書の改訂にあたってはさまざまな方のご助力を得た。貴重なご指摘をいただいた読者の方や、東京大学法科大学院で知的財産法を学び、卒業後、伊藤塾スタッフとして改訂に力を注いでくれた坂本佳隆さん、杉浦杏里さん、渡部浩人さんをはじめ伊藤塾の優秀なスタッフ、そして弘文堂の編集部の方々には大変お世話になった。ここに深くお礼を申し上げる。

　　　　2008年11月

　　　　　　　　　　　　　　　　　　　　　　　　　伊藤　真

『知的財産法[第2版]』はしがき

　初版を著した2004年は、東京地裁で青色発光ダイオードの発明者に対し知的財産権が認められ高額賠償認定判決がだされたこともあり、一気に知的財産権に対する意識も高まった。また、法科大学院元年でもあり、知的財産権を学ぼうとする意欲のある学生も増加した。そうした状況もあいまって、本書は幸い、発売から1年余りの間に多くの方に、知的財産法の入門書として読んでいただけた。

　その後、知的財産高等裁判所が設置され、実用新案権に基づく特許出願が可能になるなど、多くの改正が行われた。そこで、これに対応させ、更に近時の実態を加え、版を改めることとした。

　この4月から地域ブランドを商標登録することができるようになる。ますます知的財産法は、私たちに身近な法律になってくるだろう。本書を教科書として使用していただいている大学もあると聞く。今後も知的財産法を学習する多くの方の一助となれば幸いである。

　なお、本書の改訂にあたりさまざまな方の助力を得た。初版同様に、日比谷パーク法律事務所にて弁理士・弁護士としていっそう活躍されている上山浩氏には、校閲をしていただき貴重なご意見をいただいた。そして、現在北海道大学法科大学院に在籍されている青木一志さんおよび岩嶋東吾さんには、法科大学院で専門的に学ばれたことをもとに、作成・校正に力を注いでいただいた。また、伊藤塾の優秀なスタッフや弘文堂の編集部の方々のご協力がなければ世にでることがなかった。ここに深くお礼を申し上げる。

　2006年3月

伊藤　真

1 本書の目的

　アメリカ・ヨーロッパ各国等の先進諸国が、特許権をはじめとする知的財産権の重要性をとらえ、今後の自国の経済発展の基礎に知的財産権の保護をおくようになってきたことは、よく知られていることである。わが国においても、この流れは同様であり、IT立国など種々のいわれ方があるが、知的財産権を、国レベルで重要なものと捉えるようになってきている。

　また、中学・高校・大学入試の問題を進学予備校が使用するに際して、従来はあえて主張されることがなかった著作権が問題とされるなど、国民の権利意識の高まりから、知的財産権に対する意識も変わってきている。

　今後重要視される知的財産権には、種々のものがあり、それぞれ独特の概念を有している。従来は、この点について意識されつつも、必ずしも一般的ではなかったこともあり、ごくかぎられた人々のみが理解していたということができる。

　そこで、本書は、知的財産法の概略を効率よく理解できるよう書かれたものである。

【1】実務の基礎として

　本書は、同シリーズの他書と同じく憲法・民法・刑法など基本的な法律をある程度勉強した方が、実務へ向けて知的財産法をはじめて勉強する場合の手引書として利用することを目的としている。

　とはいえ、知的財産法については、その独特の用語・概念ゆえに、すでに憲法等の基本法を勉強したからといっても、なかなか簡単に対応できるものではない。

　そこで、知的財産法といわれるものには、本書で取り上げたもののほかにも種苗法など各種の法律がある。本書は、そのなかから特に身近で、重要な特許法・著作権法・実用新案法などを取り上げ、基本的な用語・概念から理解できるような内容としている。

　本書の内容を理解することで、実務において知的財産権を扱うための最低限の基本的な知識は、十分習得できるものと考えている。

【2】 基本書への橋渡しとして

　本書は、あくまでも基礎的な内容を、効率よく理解することを目的としているため、その内容は概説的なものにとどめている。また、記述に際しては、判例・実務の到達点を示すにとどまり、学説上の争い・現状等理論的な説明は、概略を理解するのに必要な範囲で取り上げるものとした。実務上本格的に知的財産権を扱っていくには、各種登録手続等も含め、更なる学習が必要になることはいうまでもない。その意味では、本書は、本格的な体系書・基本書への橋渡し的存在といえる。

　本書で知的財産法の概略を理解することが、更なる専門的学習への意欲を喚起し、読者の活躍の場を広げる一助になることを期待する。

2 本書の構成

　本書の構成は、序章として最初に知的財産法全体を概観したうえで、個別の法律の説明に入っている。各法律は、第1章の特許法から第6章の著作権法、第8章の独占禁止法となっている。第8章の独占禁止法は、本来知的財産法に含まれるものではないが、一方で知的財産権の独占を認める知的財産法との関係が問題となりうるため、あえて取り上げた。第1章から第6章までは、大きくは工業所有権法と著作権法とで分けているが、その関係の深さから不正競争防止法を工業所有権法の次においている。そして、第1章特許法の次に第2章として実用新案法をおくなど、よく似た制度を比較しながら理解できるように配置してある＊。

＊　第5版において、よりメリハリの利いた学習ができるように本書の構成を変更した。具体的には、実用新案法は、第1章特許法の一項目として記載した。また、第6章独占禁止法は、第5章不正競争防止法の次に移動したうえで、知的財産法との関連に焦点があたるよう、記述を改めた。

　また、各法律の解説は、おおむねその条文の順序に準じている。それぞれの概略をつかむことが目的であること、読者が各条文に触れた経験もまれであろうと考え、読み進めていく過程で条文にあたるには便宜であること、を考慮した。

　さらに、実務においては判例の理解が重要であることはいうまでもない。そこで、解説に際してはなるべく判例に触れ、囲みの部分で、事案と裁判所の判断もできるだけ示すようにしている。ただ、知的財産法においては、事案における具体的な事情が大きく影響し、憲法等に比べて、判例が抽象的な一般基準となりにくいという特徴があるので、まずは具体的事例に触れることで、どのようなことが問題となるのかを理

解してもらうことを主眼とした。

③ 知的財産法の特徴

　知的財産法は、多数の法律から構成され、その対象とされる領域が膨大、かつ多岐にわたる。概念的にも特殊な内容を含むため、初学者には、その全体像を把握するのも容易ではない。しかし、各種法律とも、その基礎には、一方で知的財産権者の利益を保護するとともに、他方でそれを社会全体が有効に利用できる途を確保しようとする思想がある。したがって、その利益のバランスをどのようにとろうとしているかという視点を忘れなければ、全体像を把握することはできるであろう。

　また、前述したように、知的財産法の領域では、たとえばAの著作とBの著作が同じか否かの具体的判断は、非常に微妙であり、それぞれ個別具体的な事案における比較対照を通じてなされることになるため、抽象論としての規範が具体的事案の解決に直結しにくい。その意味では、理論的な理解にとどまらず、基本概念を駆使してみずからの頭で考える訓練を積む必要がある。そして、そのためには、できるだけ多くの事案に触れるべきであり、判例の研究が重要となってこよう。この点、裁判所のホームページ（https://www.courts.go.jp/）においても、知的財産関係の判決例が独自の項目として掲げられており、多くの判例に触れられるようになっている。また、新しい判例も非常にすみやかに掲載されている。ぜひ、活用してほしい。

④ 本書の使い方

　本書は、具体的な事例を設定し、そこで問題となる事項の解決を図りながら、周辺の基礎的事項の解説もしていく形式になっている。具体的事例にあたったときに、何が問題となるのか、当事者のどのような利害が対立するのかを、まず自分なりに検討してみてほしい。具体的イメージをもって解説を読むことで、より理解しやすくなると思う。

　本書は、あくまでも概説書である。読者には、各法律の概略、知的財産法の全体像をつかむことに主眼をおいてほしい。したがって、理解しにくい箇所があったとしても、立ち止まらず、通読することをお勧めする。読み進めていけば、基本的な思想を同じくし似たような制度がおかれている各法律の比較から、理解しにくかった箇所も

わかるようになってくるはずである。本書で基本的な用語・概念を理解すれば、より高次な勉強にとりかかった際にも、抵抗なく進めていけるであろう。

　なお、本書の刊行に際して、さまざまな方の助力を得た。現在、日比谷パーク法律事務所にて弁護士・弁理士として活躍されている上山浩先生には草稿の段階でお読みいただき、さまざまなご意見をいただき、内容を正しく修正することができた。また、本書の作成および校正において、井本大輔さん、岩嶋東吾さんをはじめ伊藤塾の優秀なスタッフに関わってもらった。これらの方々の甚大なる協力がなければ本書が世にでることはなかった。ここに厚くお礼を申し上げる。

　そして、今回も弘文堂の北川陽子さんはじめ編集部の方々にはお世話になった。ここに感謝したい。

　　2002年7月

伊藤　真

★参照文献一覧

全般について

大渕哲也他・知的財産法判例集［第 2 版］（有斐閣・2015）

角田政芳=辰巳直彦・知的財産法［第 9 版］有斐格アルマ（有斐閣・2020）

田村善之・知的財産法［第 5 版］（有斐閣・2010）

小泉直樹・知的財産法（弘文堂・2018）

小泉直樹・プレップ知的財産法（弘文堂・2019）

小泉直樹・特許法・著作権法［第 2 版］（有斐閣・2020）

紋谷暢男・紋谷崇俊・知的財産法概論（発明推進協会・2017）

特許庁編・工業所有権法（産業財産権法）逐条解説［第21版］（発明推進協会・2020）

商標・意匠・不正競争判例百選［第 2 版］（有斐閣・2020）

平成30年度重要判例解説（有斐閣）

特許法・実用新案法について

中山信弘・特許法［第 4 版］（弘文堂・2019）

田村善之=時井真・ロジスティクス知的財産法Ⅰ特許法（信山社・2012）

高林龍・標準 特許法［第 7 版］（有斐閣・2020）

小松陽一郎=伊原友己編・特許・実用新案の法律相談Ⅰ・Ⅱ（青林書院・2019）

特許法判例百選［第 5 版］（有斐閣・2019）

意匠法について

荒木好文・図解意匠法（発明協会・2003）

高田忠・意匠 工業所有権実務双書（有斐閣・1969）

商標法について

網野誠・商標［第 6 版］（有斐閣・2002）

小野昌延=三山峻司・新・商標法概説［第 2 版］（青林書院・2013）

小野昌延=小松陽一郎=三山峻司編・商標の法律相談Ⅰ（青林書院・2017）

不正競争防止法について

小野昌延=松村信夫・新・不正競争防止法概説［第 3 版］（青林書院・2020）

小野昌延=山上和則=松村信夫編・不正競争の法律相談Ⅰ・Ⅱ（青林書院・2016）

大阪弁護士会友新会編・最新不正競争関係判例と実務［第3版］（民事法研究会・2016）

経済産業省知的財産政策室編著・逐条解説不正競争防止法［第2版］（有斐閣・2019）

著作権法について

中山信弘・著作権法［第3版］（有斐閣・2020）

高林龍・標準 著作権法［第4版］（有斐閣・2019）

島並良＝上野達弘＝横山久芳・著作権法入門［第3版］（有斐閣・2021）

作花文雄・詳解 著作権法［第5版］（ぎょうせい・2018）

半田正夫・著作権法概説［第16版］（法学書院・2015）

著作権法判例百選［第6版］（有斐閣・2019）

独占禁止法について

金井貴嗣＝川濱昇＝泉水文雄編著・独占禁止法［第6版］（弘文堂・2018）

岸井大太郎＝大槻文俊＝中川晶比兒＝川島富士雄＝碑貫俊文・経済法—独占禁止法と競争政策［第9版］有斐閣アルマ（有斐閣・2020）

根岸哲＝舟田正之・独占禁止法概説［第5版］（有斐閣・2015）

松下満雄・経済法概説［第5版］（東京大学出版会・2011）

経済法判例・審決百選［第2版］（有斐閣・2017）

序章

知的財産法とは何か

1 日常生活のなかの知的財産法

　特許法や意匠法などというと、専門家や企業にだけ関係のある法律で、一般の人には縁遠い存在だというイメージがあるかもしれない。しかし、私たちの身の回りにはとても多くの知的財産が存在しているのである。

　たとえば、テレビゲームは、現在、多くの人が行う娯楽となっており、ゲーム産業は大きく発展した。業界各社は高性能なゲーム機の開発を競っている。そして、このような競争のなかで開発された新技術には、特許権を取得することによって特別の保護を受けているものが数多くある。つまり、私たちの家庭にあるゲーム機のなかにも特許が存在しているのである。また、ゲーム機の売上げは、ソフトウエアの出来に左右されるといわれている。そのため、ソフトウエアについての新技術開発も盛んになっており、ゲーム機のみならずソフトウエアのなかにも特許が存在するにいたっている。

　また、シャネルやルイ・ヴィトンといったブランドが好きな人も多いであろう。こういったブランドの名称やマークも知的財産であり、商標法や不正競争防止法によって保護されている。海外旅行に行った際にこれらブランドの違法コピー品を、値段の安さにつられて購入し、成田空港などで没収される人がいるが、違法コピー品が知的財産権を侵害することを知らないために購入してしまうことが多いようである。

　さらに、技術やブランド以外に、製品のデザインも知的財産であり、意匠法によって保護されている。以前、大手二輪車メーカーが、自社の開発した製品のデザインに類似した製品を発売したとして、他社に対して損害賠償を請求した事件があった。

　このような場合だけではなく、実は私たち自身も日常生活のなかで数多くの知的財産を創りだしているのである。これまでに、作文を書いたり絵を描いたりしたことがあるだろう。また、写真や動画を撮影したり、自身のホームページを作成したりしている人も最近では少なくないだろう。これらもすべて知的財産であり、著作権法に

よって保護されている。著作権法に関しては、Twitterにおけるリツイートが著作権法上の権利侵害になるとした最高裁判決等が、世間の注目を浴びている。

このように、私たちの身の回りには、さまざまな知的財産が存在している。知的財産法は、決して一般の人に縁遠い存在ではなく、私たちの日常生活と密接に関係している法律であるといえよう。

2 ビジネスのなかの知的財産法

あなたの勤務する会社が、新技術を有するベンチャー企業への出資を検討しているとしよう。その際、法的問題点の有無を調査する目的で、知的財産に関するDue Diligence(知財DD)を実施することが一般的である。知財DDは、法律事務所が、開示を受けた資料(書面によるQ&Aや口頭によるインタビュー等)に基づき、知的財産に関する法的問題点の調査を行い、クライアントにレポート形式で報告する。会社の法務担当者は、知財DDの結果をふまえて、法的リスクの所在や大小を、経営陣や営業部と協議する。知的財産法の大枠を理解しておくことで、あなたも的確な投資判断を行うことに貢献できるだろう。知財DDでは、次のような点が検討される。

まず、発明者の特定が重要である。特許を出願する権利(特許を受ける権利)は、発明者がはじめに取得するからである(特許29条1項柱書)。職務発明をした場合も、特許を受ける権利は、原則として発明をした従業員にはじめに帰属する(35条1項参照)。契約や勤務規則等(例:職務発明取扱規程)において、職務発明にかかる特許を受ける権利を、従業員ではなく会社が取得する旨を定めることもできる(35条3項)。したがって、知財DDでは、出資を検討している会社の職務発明取扱規程を確認することが重要である。しかし、ベンチャー企業では、こうした社内規程が未整備であることも多い。そのため、だれが特許を受ける権利を有しているのか、特定が困難なこともある。そのような場合、会社を買収した後に、発明者から、特許を受ける権利を有しない者による特許出願(冒認出願)であるとして、特許無効審判の請求(123条1項6号)や特許権の移転請求(74条1項)を受ける可能性がある。そういったリスクを回避するためには、発明者から買収しようとする会社に、特許を受ける権利が承継されたことを確認する書面を、事前に発明者から取得しておくことが望ましい。

また、会社は、職務発明取扱規程等の定めにより、従業員がした職務発明について、特許を受ける権利を譲り受ける場合、従業員に対して一定の対価を支払わなければならない(35条4項参照)。会社から発明者に対して職務発明の対価が支払われていない

場合、会社を買収した後に、対価の支払をめぐって、発明者から訴訟を提起される可能性がある。そのようなリスクを回避するためには、職務発明に対する対価が支払済であることを確認する書面を、事前に発明者から取得しておくことが望ましい。

さらに、買収しようとする会社が、保有する特許技術について、第三者にライセンスを付与している（第三者からライセンスを付与されている）こともある。しかし、ベンチャー企業では、十分なリーガルコストをかけることができず、ライセンス契約の整備が不十分であることもある。そのような場合、買収しようとする会社に対して、事前にライセンス契約の修正を要求しておくことが望ましい。

ここまで、特許権について知財DDで問題となりうる点の一部を述べた。意匠権、商標権、著作権、営業秘密等についても、同様の分析がなされる。本書を通じて知的財産法の概要を修得し、知財DDのレポート内容を読みこなせるようになってほしい。

3 知的財産法の分類

先ほどから知的財産法という名称を用いているが、憲法や民法と並んで、知的財産法という名の法律が存在しているわけではない。知的財産法というのは、発明やデザインといった知能的産物を保護する法律の総称である。そこで、具体的にはどのような法律が存在するのかを、ここで概観しておこう。

まず、産業の発達を目的とした、工業所有権法といわれる一群の法律がある。ここには、①発明を保護する特許法、②特許権を付与するほどではない小発明を保護する実用新案法、③デザインを保護する意匠法、④営業に用いられる標識を保護する商標法が含まれる。また、産業の発展に伴って制定された法律として、半導体集積回路の回路配置に関する法律や、植物新品種を保護する種苗法がある。

これに対して、著作権法は、書籍やレコードなどの著作物についての権利を規定した法律であり、文化の発展を目的としている。一方で、コンピュータ・プログラムが著作権法の保護対象となるなど、時代の変化に伴って、工業所有権と著作権の境目は、必ずしも明確ではなくなってきている。

さらに、商標法と同じく営業標識に関する法律として、不正競争防止法や商法、会社法の商号に関する規定があげられる。

知的財産法に含まれる法律としては以上のようなものがあげられるが、知的財産法は他の多くの法律と接触している。例をあげれば、私法の一般法である民法はもちろんのこと、民事訴訟法や刑法、そして独占禁止法等がある。本書では、基本六法（憲

法、民法、刑法、商法、民事訴訟法、刑事訴訟法の6つ)および独占禁止法については必要なかぎりで触れるにとどめる。

序−1

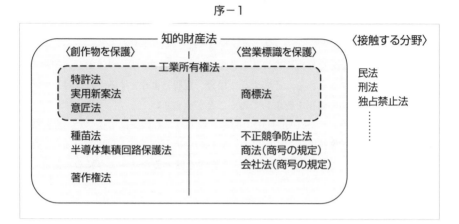

4 知的財産法を学ぶことの意義

知的財産法を学ぶことが、現代において大きな価値をもつ知的財産権をみずから取得・活用できるようになるという意義をもつことはいうまでもない。

また、知的財産法を知ることで、知的創作活動を円滑に行うことができる。アイディアや創作が保護されることで、更なるアイディアや創作を生みだすインセンティブが形成されるのであるから、知的財産法をよく知り、利用することができれば、社会全体の産業や私たちの日常生活の発展に、おおいに役立つことになる。

さらに、世界的に知的財産権を保護する動きが広まってきている現在、知的財産をめぐる紛争は今後も増加していくと考えられる。知的財産法は、知的財産を権利侵害から守ることを目的とすると同時に、どのような利用であれば権利侵害とならないのかも示している。そのため、知的財産法を学ぶことは、私たちの日常生活に紛争が潜む可能性を知り、それを未然に防ぐという点からも重要なことだといえよう。

第1章 特許法

1 特許制度の意義

　歴史的に、これまで数々の発明が産業の発達に貢献してきた。このことからすれば、産業の発達のため、発明はおおいに奨励されるべきものといえる。ところが、発明した新技術をだれでも自由に用いることができるとすれば、発明者が苦労して編みだした新技術を、他者は労せずして手に入れることができることになる。そうなれば、だれも発明のために努力することはなく、産業の発達を阻害しかねない。他方、発明者を保護するために発明の内容を秘密にして、未来永劫発明者以外はその発明を利用できないとしたら、どうだろうか。今度は、他者が発明をいっさい利用できず、当該発明から更なる発明が生まれることがなくなってしまい、やはり産業の発達を阻害することになる。

　そこで、発明者に一定期間その発明について独占排他的な権利を与えるとともに、発明を公開してその利用を図ることで、技術の進歩を促進し、産業の発達に寄与するために制定されたのが特許法である。特許法は1条で、「この法律は、発明の保護及び利用を図ることにより、発明を奨励し、もって産業の発達に寄与することを目的とする」と定めている。換言すれば、発明者に対し、その発明についての特権を与える代わりに、発明を公開させて産業の発達に役立てようとしているのである。

2 特許を受けるための要件

　特許法は発明を保護する法律である。もっとも、特許法の目的は産業の発達に寄与することにある。そのため、特許を受けることができるのは、この目的に適合する発明にかぎられることになる。このような見地から、特許法は、特許を受けるための要件として、次のようなものを定めている。

①特許法上の「発明」にあたること
②産業上利用しうること（産業上の利用可能性）
③新しいこと（新規性）
④容易に考えだすことができないものであること（進歩性）
⑤先願であること
⑥公益に反しないこと

【1】特許法上の「発明」

［設例］

次のものは特許法上の「発明」にあたるだろうか。

ア　新しく考えだしたトランプゲームのルール

イ　時速170キロメートルの剛速球の投げ方

ウ　山奥で発見した未知の鉱物

エ　未知の鉱物を人為的に分離してできた化学物質

　特許法は、保護の対象となる「発明」について、日常用語とはやや異なる定義を定めている。2条1項によれば、「発明」とは、「自然法則を利用した技術的思想の創作のうち高度のもの」をいう。つまり、①自然法則を利用したものであること、②技術的思想であること、③創作であること、④高度であることが「発明」といえるための要件といえよう。そこで、以下これらを順にみていくことにする。

⑴自然法則を利用したものであること（自然法則の利用）

　「自然法則」とは、自然界において経験的に見出される科学的な法則をいう。また、このような自然法則を「利用した」というためには、繰り返したときに自然科学上の因果律によって同一の結果を帰結できること（反復可能性）が必要である。

　いくつかの具体例をあげれば、まず、万有引力の法則といった自然法則そのものは、自然法則の利用といえないので、特許法上の「発明」ではない。また、自然法則とは関係しない計算の方法などは「発明」でない。さらに、出願時までに判明している自然法則に反するものも、「自然法則を利用した」とはいえないから、「発明」にあたらない。たとえば、実際に数多くの出願例がある永久機関は、現時点までのところ、エネルギー保存の法則という物理法則に反している。したがって、エネルギー保存の法則が間違っていたということが判明しないかぎり、特許を受けることができない。

それでは、反復可能性はどの程度認められればよいのか。植物の新品種の育種過程における反復可能性について、判例は、「科学的にその植物を再現することが当業者において可能であれば足り、その確率が高いことを要しない」としている（〈黄桃育種法特許に関する事件〉最判平成12年2月29日民集54巻2号709頁〔特許百選53事件〕）。

> ★重要判例〈黄桃育種法特許に関する事件〉（最判平成12年2月29日民集54巻2号709頁〔特許百選53事件〕）
>
> 　新品種の黄桃の育成・増殖方法の発明について、このような育成方法は反復可能性が乏しいので特許を受けられないのではないかが問題となった事件である。裁判所は、「『自然法則を利用した』発明であるためには、当業者がそれを反復実施することにより同一結果を得られること、すなわち、反復可能性のあることが必要である。」「そして、この反復可能性は、『植物の新品種を育種し増殖する方法』に係る発明の育種過程に関しては、その特性にかんがみ、科学的にその植物を再現することが当業者において可能であれば足り、その確率が高いことを要しないものと解するのが相当である。けだし、右発明においては、新品種が育種されれば、その後は従来用いられている増殖方法により再生産することができるのであって、確率が低くても新品種の育種が可能であれば、当該発明の目的とする技術効果を挙げることができるからである」と述べ、「本件発明には反復可能性があるというべきである」と結論づけた。

> **コンピュータ・プログラム**
>
> 　現在、コンピュータ・プログラムは、特許法と著作権法の双方の保護を受けることになっている（2条3項1号、著作10条1項9号）。特許法は、発明、アイディアを保護するものであり、著作権法は、表現を保護するものであるが、アイディアと表現を明瞭に区別するのは困難な場合もあり、特許法と著作権法が抵触する場合も想定される。コンピュータ・プログラムにかぎらず、特許法と著作権法の抵触一般について、その適用の基準を定める規定は、現状、存在しておらず、今後の立法が期待される。

(2)技術的思想であること

　「技術」とは、一定の目的を達成するための具体的手段と解されている。これには知識として伝達できるだけの客観性が要求される。もっとも、特許法が保護しているのは具体的な技術自体ではなく、技術の背景にあってこれを成り立たせている考え・アイディアであり、これが「技術的思想」といわれるものである。

　具体例をあげれば、絵画のような美術的創作物や、個人の熟練を要し客観性を欠く技能やコツなどは、「技術的思想」とはいえず、「発明」にはあたらない。

(3)創作であること

　「創作」とは新しいものを作りだすことをいう。したがって、新しい天然物の存在を確認するなど、単なる発見にすぎないものは創作性をみたさず、「発明」にはあたらな

い。「発明」といえるためには、発見にプラスαが必要となる。

たとえば裁判例には、スピルリナプラテンシスという物質がある種の生体に対して色揚げ効果(顕色効果)をもつこと自体は自然法則にすぎないが、スピルリナプラテンシスを赤色系錦ごいにえさとして与えることによって赤色系の斑文や色調の色揚げ効果を高める飼育方法の発明は、「単なる自然法則の『発見』を超えて、自然法則を利用した技術的思想の創作といいうる要素が含まれて」いるといえるから、発明にあたるとしたものがある(〈錦鯉飼育法事件〉東京高判平成2年2月13日判時1348号139頁)。

(4)高度であること(高度性)

「高度」であることというと非常に抽象的だが、この要件は「発明」を実用新案法上の「考案」と区別をするために設けられた要件である。実際には、後述する進歩性の問題となる(②【4】参照)。

(5)未完成発明

なお、発明は完成されたものでなければならない。技術内容が反復実施可能性、具体性、および客観性を欠くような発明は未完成であり、このような発明は第三者が実施しようとしても実施できないため、産業の発達に役立つとはいえないから、発明とは認められない。

★重要判例〈原子力エネルギー発生装置事件〉(最判昭和44年1月28日民集23巻1号54頁〔特許百選51事件〕)

　エネルギー発生装置の発明について、「特許制度の趣旨にかんがみれば、その創作された技術内容は、その技術分野における通常の知識・経験をもつ者であれば何人でもこれを反覆実施してその目的とする技術効果をあげることができる程度にまで具体化され、客観化されたものでなければならない。従って、その技術内容がこの程度に構成されていないものは、発明としては未完成であり、……発明に該当しないものというべきである」と述べたうえ、問題となった発明について、原子核分裂を連鎖的に生起させ制御することが定常的かつ安全に実施しがたく、技術的に未完成であるとして発明該当性を否定した。

---

(6)発明の種類

特許法上の「発明」には、物の発明と方法の発明があり、方法の発明には、物を生産する方法の発明と、その他の(単純)方法の発明がある(特許2条3項)。たとえば、かつてない食感のゼリーを発明した場合、その「ゼリー」は物の発明、「ゼリーの製造方法」は物を生産する方法の発明にあたる。また、その他の方法の発明の例としては、新しい無線通信方法の発明や、微量元素の測定方法の発明などがあげられる。後述するように、発明の種類によって、特許を受けた場合にその効力が及ぶ範囲が異なってくる(④【2】参照)。当該発明がいずれの発明に該当するかは、特許請求の範囲の記載

に基づいて判定される（〈生理活性物質測定法事件〉最判平成11年7月16日民集53巻6号957頁〔特許百選1事件〕）。

(7)設例の検討

　以上を設例にあげたものについてみていくと、まず、**ア**新しく考えだしたトランプゲームのルールは、人為的な取り決めであって自然法則とは関係ないから、特許法上の「発明」にあたらない。次に、**イ**剛速球の投げ方は、個人の熟練によって得られる技能であって技術的思想とはいえないので、たとえ驚異的な速度であったとしても「発明」にはあたらない。次に、**ウ**山奥で発見した未知の鉱物は、創作でないため「発明」にはあたらない。他方、**エ**この鉱物を人為的に分離してできた化学物質には、発見した鉱物を人為的に分離するというプラスαがあるので、創作性が肯定され、「発明」にあたる。なお、この化学物質の発明は物の発明にあたるが、その分離方法は、方法の発明となりうる。結局、設例のなかでは、**エ**未知の鉱物を人為的に分離してできた化学物質のみが「発明」にあたる。

ビジネス関連特許

　ビジネス関連特許とは、ビジネス方法がICT（Information and Communication Technology：情報通信技術）を利用して実現された発明に与えられる特許のことをいう。この場合であっても、「発明」と認められるためには、前述した特許を受けるための要件をみたさなければならない。したがって、ビジネス方法や仕組み自体がただちに特許発明となるわけではなく、ICTを用い、「自然法則を利用した」といえるビジネス方法のみが「発明」と認められる。ICTを利用しない純粋なビジネス方法は「自然法則を利用した」とはいえず、「発明」とは認められない。たとえば、裁判例では、資金別貸借対照表（貸借対照表を並べ替えて、損益資金、固定資金、売上仕入資金、流動資金の4つに分類、色分けして、経理の知識が乏しい者でも貸借対照表を理解して企業の財政状態および財務体質を知ることができ、とるべき財務方針を確立することができるようにした表）は、「専ら、一定の経済法則ないし会計法則を利用した人間の精神活動そのものを対象とする創作であり、自然法則を利用した創作ということはできない」としている（〈資金別貸借対照表事件〉東京地判平成15年1月20日判時1809号3頁）。一方、自然法則を利用したとはいえない純粋なビジネス方法であっても、そうしたビジネス方法がICTを利用して実現され、全体として自然法則を利用したといえる発明は、ビジネス関連発明として特許の保護対象となる。第四次産業革命を推し進めているIoTやAI等の新たな技術が進展する中、ビジネス関連発明の利活用に注目が集まっている（特許庁ウェブサイト「ビジネス関連発明の最近の動向について」参照）。

　ビジネス関連特許の有名な例としては、freee株式会社のクラウドコンピューティングを用いた「会計処理装置、会計処理方法及び会計処理プログラム」（特許第5936284号）やカルチュア・コンビニエンス・クラブ株式会社の郵便ポストでのレンタル商品の返却を可能にした「レンタル商品返却システム」（特許第4854697号）などがある。

【2】 産業上利用しうること（産業上の利用可能性）

> ［設例］
>
> 　Aは、小学生でも安全に化学反応実験ができる器具を発明した。そこで、特許を受けようと思ったのだが、友人から、「特許法は産業に役立つことを目的にしているのだから、実験にしか使えないようなものは特許をとれないのでないか」と言われてしまった。また、「少子化の時代であるから商品化しても利益は見込めないだろう」と言う友人もいる。実験にしか使えず、経済的な価値も少なそうなAの発明は、特許を受けることができないのだろうか。

　発明に特許が付与されるためには、当該発明が産業上利用することができるものでなければならない（29条1項柱書）。自然法則を利用した技術的思想であっても、産業の発展と無関係のものは、特許法の目的からみて保護に値しないからである。産業上の利用可能性を欠く発明としては、喫煙の方法のように個人的にのみ利用される発明、学術的・実験的にのみ利用される発明、医療行為に関する発明があげられる。

　そうだとすれば、設例のAの発明は、産業上の利用可能性を欠いて特許を得られないようにも思える。しかし、産業上の利用可能性は、経済的価値の多寡を問うものではない。したがって、利益が見込めないことを理由に、産業上の利用可能性が否定されることはない。また、実験的用途に利用するものでも、Aが発明した小学生向け理科の実験セットのようなものは製品化できるので、産業上の利用可能性は肯定できる。したがって、Aの発明は産業上の利用可能性が認められ、他の要件をみたせば特許を受けることができる。

医療と特許

　医療業は従来、その性質から「産業」にあたらないとされ、出願実務上、いわゆる医療行為といわれる「人間を手術、治療又は診断する方法」については産業上の利用可能性が認められないとされてきた（特許・実用新案審査基準第Ⅲ部第1章）。これは、病気の治療方法などに特許が付与され、医師が患者を治療する際に特許権者の許諾が必要となると、一刻を争う医療の現場において救命の妨げになるという人道的な理由によるところが大きい。

　もっとも、医薬品や医療機器については物の発明として特許権の付与が認められ、また医薬品や医療機器の製造方法、医療機器の作動方法といった発明についても特許の成立が認められており、医療業全般が「産業」にあたらないわけではない。

　そして近年では、遺伝子治療や再生医療技術など巨額の投資を必要とする先端医療技術の開発が進んでおり、医療技術の開発にも特許というインセンティブを与える必要性は高まってい

る。そのため、産業界からは医療技術も特許付与の対象とするよう強い要望がだされている。また、アメリカではこうした技術についても特許付与の対象とされている。

そこで現在、検討が重ねられ、特許庁の審査基準も逐次改訂されてきているが、裁判例は、特許法上規定がない以上、特許法は医療行為について特許性を認めない趣旨であるとして、医療行為について特許権付与を認めない出願実務を是認している（〈外科手術を再生可能に光学的に表示するための方法および装置事件〉東京高判平成14年4月11日判時1828号99頁〔特許百選57事件〕）。

★重要判例〈外科手術を再生可能に光学的に表示するための方法および装置事件〉（東京高判平成14年4月11日判時1828号99頁〔特許百選57事件〕）

「医薬や医療機器に特許性を認めておきながら、医療行為のみにこれを否定するのは一貫しない、と考えることには、十分合理性があ」り、「医療行為そのものについても特許性が認められるべきである、とする原告の主張は、立法論としては、傾聴すべきものを有している」としつつ、「医療行為そのものを特許の対象にする制度の下では、」医師は特許権侵害の責任を追及されるのを恐れながら医療行為にあたらなければならない状況に追い込まれることになるから、それを防ぐための対策が講じられない「限り、特許法は、医療行為そのものに対しては特許性を認めていないと考える以外にないというべきであ」り、特許法はそのような措置を何ら講じていないから、医療行為に関する発明は特許法上の発明にはあたらないとした。

【3】新しいこと（新規性）

⑴原則

[設例]

Aは、インターネット上のホームページに外国の発明家の発明が載っているのを見つけた。当人は特許を受けるつもりなどまったくなさそうである。そうであれば、Aがこの発明について特許を受けることはできるだろうか。

⒜趣旨

すでに公開されている発明に特許という独占権を与えても、産業の発展に寄与することはない。そこで、特許を受けるためには、その発明が新しいことが要件とされている。29条1項は、その柱書で、「次に掲げる発明を除き、その発明について特許を受けることができる」として、1号から3号までで新規性の失われる場合を列挙するというかたちでこの要件を定めている。

⒝新規性の失われる場合

　29条1項各号は、新規性の失われる場合として、次のような発明を列挙している。

1-2　新規性の失われる場合

①特許出願前に、公然知られた発明（1号：公知）
②特許出願前に、公然実施をされた発明（2号：公用）
③特許出願前に、頒布された刊行物に記載された発明または電気通信回線を通じて公衆に利用可能となった発明（3号：刊行物等記載）

　①にある公知（29条1項1号）とは、不特定の者に秘密でないものとしてその内容が現に知られたことをいう。よって、発明者との間で、発明内容について守秘義務を負う者にその内容を知られたとしても、公知にはあたらない。①の例としては、特許出願前に当該発明についてテレビで放映されたような場合などがあげられる。

　②にある公用（29条1項2号）とは、不特定の者に知られる状況または公然知られるおそれのある状況で実施されたことをいう。守秘義務を負う者のみに知られうる状況で実施した場合は、やはり公用にはあたらない。もっとも、そうした義務を負わない者に対しては、知られうる状況での実施にすぎない場合でも、公用となってしまうことに注意が必要である。②の例としては、当該発明品を特許出願前に店舗で販売したような場合などがあげられる。

　③にある刊行物等記載（29条1項3号）にいう刊行物とは、公衆に頒布することにより公開することを目的として複製された文書・図画等であって、頒布されたものをいう。③の例としては、特許出願前に当該発明について雑誌に掲載された場合や、インターネット上のホームページに掲載された場合などがあげられる。これは自由に閲覧できる状態におかれていればよく、現実にだれかがそれを見たことまでは必要ない。

　新規性の有無は、判断の明確さという見地から、出願時を基準に判断される。また、情報通信の発達から、日本国内のみならず外国でも公然知られるなどしていないことを要する。したがって、日本国内でだれも知らなくとも、海外で知られてしまえば、新規性は失われたと判断されることになる。

⒞設例の検討

　設例でAが目をつけた発明は、外国の発明家のものとはいえ、すでにインターネット上に載っているため、29条1項3号により新規性を欠いている。したがって、たとえ発明した当人に特許を受ける気がなくとも、Aは特許を受けることができない。

⑵例外

　法の不知や本人に帰責できない事由により新規性を失った発明について特許が受けられないとすると、かえって産業の発展を妨げる場合がある。そこで、一定の場合に

は新規性を失わないとする例外規定が設けられている(30条)。新規性を失った日から1年以内に特許出願しなければならず、30条2項の場合は加えて特別な手続が要求される点に注意が必要である(30条3項)。

1-3　新規性喪失の例外

> ①特許を受ける権利を有する者の意思に反して新規性を失った場合(30条1項)
> ②特許を受ける権利を有する者自身の行為に起因して新規性を失った場合(30条2項)

【4】容易に考えだすことができないものであること(進歩性)

[設例]

　これまで2色ボールペンを製造・販売していた文具メーカーのA社が、修正液とボールペンの切替えができるペンを開発した。周囲の文具店を調査したところ、同様なものはみあたらず、新規性はありそうだった。そうであれば、A社はこのペンについて特許を受けることができるだろうか。

⑴意義

　新しい発明であっても、今までにあったものを少し変えただけにすぎないものなど、容易に考えつく発明、つまり進歩性のない発明は、産業の発達に資するところが少ないので、特許を受けることができない。進歩性の有無の判断は、その発明の属する技術の分野における通常の知識を有する者(当業者、29条2項)からみて、その発明にいたる考え方の道筋が容易であるか否かによる。

　具体的には、①出願された発明の内容と進歩性を否定するために引用された発明(引用発明)の内容を認定した後に、②両者を対比して一致点・相違点を明らかにし、③引用発明の内容および技術常識から出願された発明を容易に想到できたことの論理付けができるか否かにより判断する。たとえば、出願された発明が、引用発明から最適な材料を選択したにすぎない場合や引用発明の単なる寄せ集めにすぎない場合には、引用発明から出願された発明を容易に想到することができたとして、進歩性の存在が否定される方向にはたらく。一方、引用発明と比較したときに、出願された発明の明細書等の記載から有利な作用・効果が把握される場合には、引用発明から出願された発明を容易に想到することができなかったとして、進歩性の存在が肯定される方向にはたらく(特許庁「特許・実用新案審査基準第Ⅲ部第2章」参照)。

ところで、新規性と進歩性との違いはどこにあるのだろうか。まず、新規性の判断とは、出願された発明が公知の技術と同一か否かの判断をいう。これに対し、進歩性の判断とは、新規性が認められることを前提に、出願当時の技術水準からみて容易に考えられるかどうかの判断である。すなわち、新規性の判断においては、同一性が問題となるのに対し、進歩性の判断においては、着想の容易性が問題となる点に違いがあるといえる。

(2)設例の検討

設例のペンは、これまであった2色ボールペンの一方のインクを、修正液に置き換えたにすぎない。したがって、この発明の属する技術分野における通常の知識を有する者(当業者)が容易に考えだせないとして、進歩性を認めることは困難であろう。ただし、かりに特許登録を受けることができなくとも、進歩性の判断がゆるやかに行われる実用新案登録を受ける余地はある。

【5】 先願であること
(1)同一の発明について複数の出願がされたときの処理

[設例]

発明家のAは、超小型浄水器を発明した。ところが、偶然にも隣町に住むBも独自に同じ浄水器を発明していた。先に発明したのはAだが、先に特許庁へ出願したのはBであった。このとき、AとBのいずれが特許を受けられるのだろうか。

特許権は独占権であり、また権利消滅後はだれでも自由に使用できる。このような特許権の性質に照らせば、同一の発明について複数の特許を受けることを認めるべきではない。そこで、同一の発明について複数の出願がされた場合にいかに処理すべきかが問題となる。

この点については2つの考え方がある。第1は、発明の先後を基準とし、先に発明した者が特許を受けられるとする先発明主義である。第2は、発明の先後を問題とせず、先に出願をした者が特許を受けられるとする先願主義である。先発明主義は、最初に発明した者を保護する点で公平だが、最初に発明したのがだれであるのか判断するのは容易でない。そこで、わが国を含めほとんどの国は、先願主義を採用する(日本の現行法では39条)。ただし、唯一アメリカは、これまでの沿革から先発明主義を採用している。

設例では、先に出願したBが特許を受けられる。この設例からわかるとおり、発明をしたならばできるだけ早く出願する必要がある。

では、Bが9月2日の朝に出願したとして、Aは遅れをとったものの、同じ日の夕方に出願したとしたらどうであろう。特許法は出願の先後の判断は「時」や「分」ではなく「日」を基準にしている（39条1項）。そして、同日に複数の出願があった場合は、特許出願人の協議によって定めた出願人のみが特許を受けることができると定めている。協議が成立せず、または協議をすることができないときは、いずれの出願人も特許を受けられない（39条2項）。

(2)先願の明細書などに記載された発明（拡大先願）

特許出願した発明が、他人が行った先願に最初に添付されていた明細書・特許請求の範囲・図面に記載されている場合、その発明は特許を受けることができない（29条の2）。この規定を準公知、あるいは拡大された範囲の先願（拡大先願）という。

先の出願が公開された後に、そのなかの図面などに載っているものと同じ発明を出願した場合は、公開特許公報の発行により新規性が失われる（29条1項3号）から、後の出願は、特許を受けることができない。

1－4

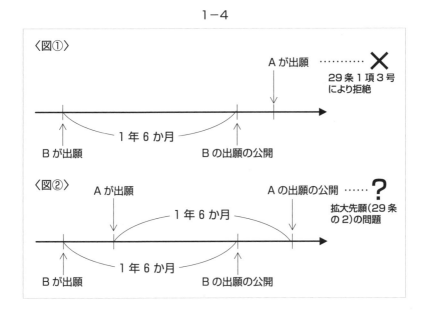

これに対して、先の出願が公開される前に、そのなかの図面などに載っているものと同じ発明を出願した場合は29条1項各号には該当せず、新規性は失われない。しか

しながら、後の出願が、社会に対して新しいものを提供していない点は、新規性を喪失した場合と変わらない。そこで、拡大先願は、このような出願は特許を受けることができないと規定するのである。

【6】公益に反しないこと

公序良俗に反するもの、公衆衛生を害するおそれのある発明は、特許を受けることができない(32条)。従来は、ほかにも公益的見地からの不特許事由があったが、順次撤廃されて現在では公序良俗と公衆衛生についての規定のみ残ったという経緯がある。本条にあたるものの例としては、麻薬密輸用靴底や有害物質を含む化学調味料などがある。

人工知能による発明に特許権は付与されるか

特許法上、「発明をした者」(29条1項柱書)とは、発明の創作行為に現実に関与した自然人を意味すると解されている。したがって、人工知能がある発明を完成させても、「発明をした者」にあたらない以上、特許を受けることはできない。また、人工知能の開発者や提供者も、人工知能が生みだした発明に現実的に関与したとはいえないから、やはり特許を受けることはできない。

3 登録手続

特許権は、著作物を創作すれば当然に発生する著作権とは異なり、特許庁に登録されてはじめて発生する権利である。そこで、以下ではこの登録の手続についてみていくことにする。

【1】出願資格者

> [設例]
>
> A製薬会社の研究開発部門に勤めているBが、新薬に関する発明をした。このとき特許を受けることができるのは、A社、Bのいずれか。
> また、Bがガーデニングを趣味としており、休暇中に自動植木水やり装置を発明した場合はどうであろうか。

⑴特許を受けることができる者

　特許を受ける権利とは、特許出願を行うことで、特許権の付与を受けることができる法的地位のことであり、発明の完成によって発生する。したがって、発明者が発明の完成時に取得する(29条1項)。未成年者でもかまわない。共同で発明をすれば、特許を受ける権利を共有することになる。また、発明は性質上自然人のみがなしうるものなので、法人が発明者になることはできない。また、特許を受ける権利は、他人に譲渡することができる(33条1項)。

⑵特許を出願することのできる者

　特許を出願することができるのは、発明者または特許を受ける権利の譲渡を受けた承継人である。法人も承継人としてであれば出願できる。

　出願手続には専門的な知識が必要となるので、特許庁への手続代理等を行う専門家として弁理士がいる。時間と費用をかけた発明を最大限に活かすためには、弁理士の助力を得ることが有益であろう。

⑶冒認出願

　発明者でも発明者から特許を受ける権利を承継した者でもない者が行う出願を、冒認出願とよぶ。特許を受ける権利が共有に属する場合において、その共有者の一部の者が、他の共有者の同意を得ずに特許出願した場合も、共同出願違反(38条)として、冒認出願と同様の扱いを受ける。冒認出願は、特許出願の拒絶理由になるとともに(49条7号)、特許の無効理由でもある(123条1項6号)。

　冒認出願に遅れる真の権利者の救済方法は、①冒認出願に特許権が付与された場合、②冒認出願が審査中の場合、とに分けられる。

　　①冒認出願に特許が付与された場合

　　　　真の権利者としては無効審判を請求することができる。冒認に関する無効を理由とする無効審判は、真の権利者のみが請求できる(123条2項括弧書)。また、真の権利者は、特許権の移転を請求することが可能である(74条1項)。これが認められると、真の権利者は当該特許権につき、はじめから権利を有していたものとみなされる(74条2項前段)。

　　②冒認出願が審査中の場合

　　　　真の権利者としては、冒認出願者を被告として裁判所に特許を受ける権利の確認を請求し、当該請求の確定判決を添えて特許庁長官に対し、冒認者から自己名義への名義変更を届け出ることが可能である(34条4項参照)。この手段は明文で規定されているわけではないが、従来からの特許庁の実務であり、裁判例によっても承認されているものである。

なお、冒認出願は拒絶されるべきものであるが、特許庁により誤って権利設定登録が認められることもある。この場合、真の権利者の上記確認請求中であれば、真の権利者は確認請求から特許権の移転登録請求に訴えを変更することによって対応することとなる。

　次に、冒認出願に遅れる真の権利者の「出願」に対する救済方法は、①冒認出願後、当該出願が出願公開されるまでに真の権利者が出願しようとする場合、②冒認出願の出願公開以降に、真の権利者が出願しようとする場合とに分けられる。

①冒認出願後、当該出願が出願公開されるまでに真の権利者が出願しようとする場合

　　特許権の移転の特例を定める74条の移転請求権が実効的なものとなるよう第三者の後願を排除するために、冒認出願がなされても、当該出願は先願として扱われる。このため、冒認出願の請求範囲にあげられた発明については、これに遅れる真の権利者の出願も後願として拒絶される(49条2号、39条1項)。そこで、真の権利者は、冒認出願が審査途中にある場合には、特許を受ける権利の確認請求をし、冒認出願に特許が付与された場合には、特許権の移転登録請求を利用することとなる(74条1項)。

②冒認出願の出願公開以降に、真の権利者が出願しようとする場合

　　冒認出願であっても出願から1年6か月で公開公報により出願公開される(64条1項)。これにより、刊行物記載による新規性喪失の29条1項3号が適用される。公開から1年までであれば新規性喪失の例外(30条1項。意に反する新規性喪失)の適用は可能であるが、その後は、真の権利者であっても、先願を理由とする拒絶だけでなく、新規性喪失による拒絶もなされてしまう(49条2号、29条1項3号)。こうなってしまうと、真の権利者は、冒認出願にかかる明細書に記載された発明に関してもみずから出願して特許を受けることはできなくなる。

⑷従業者の発明

　会社の従業員などの事業の従業者が職務として発明をした場合、その発明は、従業者個人の能力や努力によるものということもできる。しかし、同時に、会社は設備・資金の提供をするなどして発明に寄与してきたのであり、従業者の労働の成果である発明は、会社に属するべきともいえよう。また、そもそも研究職などの従業者は、発明をするために雇用され、職務の対価として給与を受け取っているのだから、職務上なされた発明は会社に権利帰属することが当然とも考えられる。そこで、このような場合の使用者と従業者の利害を調整するために、特許法が規定を設けている。

従業者が発明をする場合には、次の３つが考えられる。

1－5

（a）職務発明

（i）概要

　性質上、使用者の業務範囲に属し、かつ、発明をするにいたった行為が従業者の現在・過去の職務に属する発明を職務発明という（35条１項）。2015年改正により、2016年４月１日以降に完成した職務発明については、「契約、勤務規則その他の定めにおいてあらかじめ使用者等に特許を受ける権利を取得させることを定めたときは、その特許を受ける権利は、その発生した時から当該使用者等に帰属する」（35条３項）。そのかわり、従業者には、使用者から「相当の利益」の支払を受ける権利が認められる（35条４項）。また、上記のような定めをおかない場合にも、使用者はその発明を無償で自由に実施できる（法定通常実施権〔35条１項〕、６【２】（2）参照）。

（ii）要件

　職務発明に該当するには、①「使用者等の業務範囲に属」すること、②「従業者等の現在又は過去の職務に属する」ことが必要となる。

　①使用者の業務範囲に属するか否かについては、派遣社員等の直接的な雇用関係がない者についての取扱いが問題となる。つまり、派遣社員は形式的には、派遣会社と雇用関係を有しているにすぎず、研究施設等を有している被派遣会社との雇用関係はない。そのため、派遣社員が発明を完成させた場合に、研究設備等を提供する被派遣会社は、この派遣社員の使用者にあたらないのではないかという問題がある。この点については、派遣会社と被派遣会社との間における技術的・経済的な一体性と実質的な指揮監督関係の有無の観点から考え、職務発明の趣旨に沿うような妥当な結論を導くべきといえる（〈三徳希土類事件〉大阪地判平成14年５月23日判時1825号116頁）。

　②従業者の職務に属するかについての判断も容易でないケースが少なくない。裁判例では、「当該従業者等の地位、職種、職務上の経験や、使用者等がその発明完成過程に関与した程度等の諸般の事情に照らし」た判断がなされている（〈排煙脱硫装置事件〉東京地判平成３年11月25日判時1434号98頁）。使用者の指示に従った場合はもとより、

自発的に研究テーマを見つけて発明を完成させた場合でも、「その従業者の本来の職務内容から客観的に見て、その従業者がそのような発明を試みそれを完成するよう努力することが使用者との関係で一般的に予定され期待されており、かつ、その発明の完成を容易にするため、使用者が従業者に対し便宜を供与しその研究開発を援助するなど、使用者が発明完成に寄与している場合」には、従業員の職務に属するとされている（〈象印マホービン事件〉大阪地判平成6年4月28日判時1542号115頁）。さらに、職務命令に反して発明を完成させた場合でも、勤務時間中に、使用者の施設内において、使用者の設備を用い、また、使用者の従業員である補助者の労力等をも用いて、本件発明を発明した場合には、従業員の職務に属すると判断される（〈日亜化学青色発光ダイオード事件中間判決〉東京地判平成14年9月19日判時1802号30頁）。

(iii)効果

　職務発明に該当する場合で、「契約、勤務規則その他の定めにおいてあらかじめ使用者等に特許を受ける権利を取得させることを定めたとき」は、特許を受ける権利は、従業者等が職務発明を生みだした時点から、使用者に帰属する。この場合、発明者たる従業員は、使用者に対し、「相当の利益」を請求することができる（35条4項）。

　なお、グローバル化に伴いある特許製品が世界各国で販売されるなど、外国の特許を受ける権利の承継が問題となることも少なくない。たとえば、ある発明について、発明をした従業員が、特許を受ける権利（外国の特許を受ける権利を含む）を使用者に譲渡する旨の契約を締結したうえ、使用者は、わが国において特許出願をし、その設定登録を受けて、特許権を取得するとともに、当該発明につきアメリカ、カナダ、イギリス、フランスおよびオランダの各国において特許出願をし、それぞれ特許権を取得した場合などが考えられる。この場合、外国の特許を受ける権利の承継について、発明をした従業員による使用者に対する「相当の利益」の請求が可能であるかが問題となる。この問題について、判例は、35条3項、4項（これらの条項をあわせて、現行の特許法の35条4項以下に相当）の類推適用による「相当の対価」（現行の特許法の「相当の利益」に相当）の支払請求を認めている（〈日立製作所事件〉最判平成18年10月17日民集60巻8号2853頁〔特許百選99事件〕）。

　職務発明に該当する場合で、「契約、勤務規則その他の定めにおいてあらかじめ使用者等に特許を受ける権利を取得させることを定め」ていない場合は、特許を受ける権利は、発明者たる従業者に帰属することになる。この場合にも、使用者は、法定通常実施権を有するから、発明を無償で自由に実施できる（35条1項）。

　職務発明については、司法試験でも実務的にも重要であるので、確実におさえておきたい。

★重要判例〈日立製作所事件〉（最判平成18年10月17日民集60巻8号2853頁〔特許百選99事件〕）

「我が国の特許法が外国の特許又は特許を受ける権利について直接規律するものではないことは明らかであり……外国の特許を受ける権利の譲渡に伴う対価の請求について同〔35条3〕項及び同条4項の規定〔これらの条項をあわせて、現行の特許法の35条4項以下に相当。以下同じ〕を直接適用することはできない」。

しかしながら、使用者等と対等な立場で取引をすることが困難な従業者等を保護し、もって発明を奨励し産業の発達に寄与するという趣旨は外国の特許を受ける権利にも妥当すること、各国の特許を受ける権利は「社会的事実としては、実質的には1個と評価される同一の発明から生じるもの」といえること、法律関係を一元的に処理しようとするのが当事者の通常の意思であることからすれば、「従業者等が特許法35条1項所定の職務発明に係る外国の特許を受ける権利を使用者等に譲渡した場合において、当該外国の特許を受ける権利の譲渡に伴う対価請求については、同条3項及び4項の規定が類推適用されると解するのが相当である。」と判示した。

(b)業務発明

使用者の業務範囲に属するものの、職務発明ではない発明をいう。たとえば、家電メーカーの営業担当者が、本来の業務とは別に、新型掃除機を開発したような場合がこれにあたる。職務発明ではない以上、使用者に法定通常実施権は認められない。また、あらかじめ、使用者に特許を受ける権利を取得させることを契約で定めても、その契約は無効とされる(35条2項)。もっとも、使用者にとっては業務範囲に属する以上大きな関心をもつのが通常であろう。実際には、従業者に対して、使用者への届出義務を課し、使用者側で承継が必要と判断した場合には、他の者に優先して協議すべきと定める企業もあるようである。

(c)自由発明

使用者の業務範囲に属しない発明をいう。使用者は発明に何ら寄与していないので、一般の発明と同じに扱われる。予約承継や使用者の法定通常実施権は認められていない。

(5)設例の検討

設例においては、新薬についても、自動植木水やり装置についても、発明者はBである。したがって、特許を受ける権利は、発明者Bに帰属すると思われるが、職務発明が成立し、A社に帰属することにならないか。

まず、新薬の発明は、A製薬会社の業務範囲に属し、かつ、BがA社従業員として職務上行ったものであるから、職務発明にあたる。A社が、契約、勤務規則等の定めにおいてあらかじめ使用者等に特許を受ける権利を取得させることを定めたときは、

特許を受ける権利は原始的にA社に帰属する。そのかわりにBは相当の利益を受けることができる。

　他方、上記のような定めがなかった場合にも、A社はその特許を無償で自由に実施することができる。しかし、A社は通常実施権を有するにすぎないから、当該特許を侵害する第三者の発明の実施を差し止めることができない（通常実施権の効力の詳細は 6 【2】(2)参照）。

　次に、自動植木水やり装置の発明は、A製薬会社の業務範囲と何ら関係のないものであるから自由発明といえよう。したがって、新薬の場合と異なり、契約、勤務規則等の定めにおいて、あらかじめ使用者等に特許を受ける権利を取得させることを定めていても、特許を受けることができるのはBとなる。この特許について、A社が無償で自由に実施することはできない。

【2】 出願の方法

　特許の登録を受けるためには、①発明者や出願人の氏名など必要事項を記載した願書を特許庁に提出しなければならない（36条1項）。出願には、パソコンによるオンライン出願、書面による出願の2つの方法がある。また、願書に加えて、②明細書、③特許請求の範囲、④必要な図面、⑤要約書を添付する必要がある（36条2項）。このなかでも、特許請求の範囲（クレーム）は、特に重要である。特許発明の技術的範囲は、特許請求の範囲に基づいて定まり（70条1項）、特許権の効力の及ぶ範囲を決定するため、慎重な記載が要求される。

> ### 特許請求の範囲
> 　特許請求の範囲のことを、一般にクレーム(claim)という。実際には、複数の請求項にまたがることもあり、複雑で読みにくいこともある。以下は、米が付着するのを防止する構造のしゃもじの特許の記載例である。
>
> > 【特許請求の範囲】
> > 【請求項1】
> > 　へら部の地表面にしぼを形成し、このしぼ面にさらに多数の凸起を形成し、へら部全面にしぼ面を有する凸起面を形成し、ダブルエンボス加工面を構成したことを特徴とする杓子。
> > 【請求項2】
> > 　へら部の地表面に多数の凸起を形成した凸凹面を形成し、さらにこの凸凹面にしぼ面を形成し、へら部全面にダブルエンボス加工面を構成したことを特徴とする杓子。
> > 【請求項3】
> > 　へら部の地表面に多数の凸起を形成した凸凹面を形成し、さらにこの凸凹面にしぼ

面を形成し、へら部全面にダブルエン
ボス加工面を構成したことを特徴とす
るへら。

【請求項4】
　へら部の地表面に多数の凸起を形成
した凸凹面を形成し、さらにこの凸凹
面にしぼ面を形成し、へら部全面にダ
ブルエンボス加工面を構成したことを
特徴とするレードル。

【請求項5】
　へら部の地表面に多数の凸起を形成
した凸凹面を形成し、さらにこの凸凹
面にしぼ面を形成し、へら部全面にダ
ブルエンボス加工面を構成したことを
特徴とするスプーン。

1-6

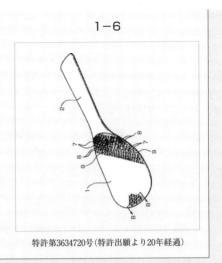

特許第3634720号（特許出願より20年経過）

【3】審査の流れ

1-7

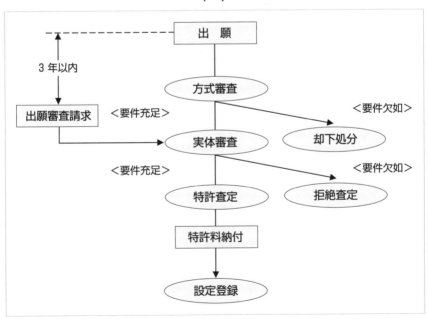

(1)概要

　特許権は、特許庁へ出願したからといって、すぐに取得できるわけではない。特許庁による一定の審査を経て、ようやく権利を取得できるのである。具体的には、出願をすると、まず出願書類が特許法上の手続的・形式的な要件を備えているかの審査(方式審査)がなされる。そして、出願から3年以内(出願と同時でもよい)に出願審査請求をすると、前述した登録要件の具備についての審査(実体審査)がなされる。そして実体審査の結果、特許庁の審査官が特許取得の要件をみたしていると判断すれば、特許査定がなされる。その後、特許料を納付すれば設定登録がなされ、特許権を受けることができる。逆に要件をみたしていない場合には、拒絶査定がなされる。

> ### PAT.とPAT.P
> 　身の回りの製品のパッケージなどに、PAT.123456といった記載があるのを見たことがないだろうか。PAT.は登録を受けた特許の特許番号である。また、これと似たものにPAT.Pという記載もある。これはPatent Pendingの省略で特許の出願番号を表している。この記載がある製品は特許登録出願中ということになる。

(2)方式審査

　方式審査とは、出願書類が特許法で定める手続的および形式的な要件を備えているかどうかについての審査をいう。ここで問題がみつかった場合は、補正命令がなされ(17条3項)、出願人に手続補正指令書が送付される。出願人は、指定された相当の期間内(通常は30日以内)に補正をして、特許庁へ補正書を送り返さなければならない。期間内に補正されないと、却下処分(18条)となる可能性がある。また、出願人の氏名が記載されていないなど、出願書類に重大な不備がある場合にも却下処分がなされるが、その前に弁明書を提出する機会を与えられる(18条の2第2項)。

　出願者は、却下処分に不服があれば、行政不服審査法に基づく審査請求、更には行政事件訴訟法上の取消訴訟を提起して争うことができる。

(3)出願公開

　特許出願は、出願日から1年6か月経過後に、特許出願の明細書、図面等を掲載した公開特許公報の発行により、出願内容が一般に公開される(64条)。これを出願公開という。特許権の設定登録がなされる前であっても、出願がなされてから比較的早い時期に公開することで、同じような内容の発明が重複してなされることを防止しようとするものである。また、新技術の開発は、一般に他人の技術を参考にして行われるものであるから、出願公開は産業の発達に資することにもなる。

　また、特許出願人は、早期の出願公開を請求することもできる。この請求があった

ときは、出願日から1年6か月経過前であっても原則として出願公開される(64条の2)。この制度を用いると、出願された発明が第三者に実施されているような場合に、次項の補償金請求権の金額算定の対象となる時期を、早期に繰り上げることができる。

1-8

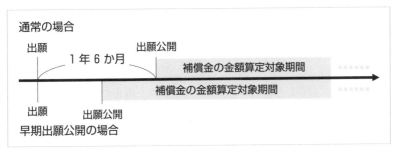

⑷補償金請求権

［設例］

Aの特許出願の明細書・図面等について、出願公開がされた。ところが、これを見たBが、類似品の製造・販売を開始してしまった。Bは、「Aの特許がまだ登録されていない以上、類似品の製造・販売は特許権侵害にならないはずだ」と主張している。この類似品の販売による損失を、Bに賠償させる手段はないだろうか。

出願公開がなされると、出願した技術などの内容が一般に知れわたることになるが、それは同時に他人に模倣される危険性が高くなることを意味する。しかし、特許が登録されるまでは特許権は成立していないので、特許権侵害を理由とする損害賠償請求(④【5】⑵参照)はできない。そこで、特許法は、出願公開から特許権の設定登録までの間に、出願公開された発明を業として実施した者に対し、あらかじめ書面で警告をしたうえで、実施料相当額の支払を請求できる補償金請求権(65条)という権利を出願者に認めている。このように警告を要求している趣旨は、第三者に対して突然の補償金請求をすることは、第三者に対する不意打ちとなるため、これを防止する点にある。一度警告をした後に補正をして特許請求の範囲を変更した場合について、再警告をする必要があるのか問題となるが、特許請求の範囲が減縮するものであって、第三者の実施している製品が補正の前後を通じて特許請求の範囲に属する場合には、再警告は不要と解すべきといえる。なぜなら、第三者に対する不意打ちにはならないからであ

る（実用新案法について〈アースベルト事件〉最判昭和63年7月19日民集42巻6号489頁〔特許百選76事件〕参照）。ただし、この請求権は、特許権の設定登録があった後でなければ行使できない（65条2項）。設定登録前の行使を認めると、後に特許登録が拒絶された場合に法律関係を混乱させるといった弊害があるためである。

　設例のＡも、Ｂに書面で警告をしておけば、登録後に補償金の賠償を請求することができる。

　補償金請求権は、司法試験でも頻出である。

⑸実体審査

　実体審査とは、前述した特許の登録要件（2参照）を備えているかどうかについての実質的な審査をいう。要件判断の基準時は、原則として出願時である。審査の結果、拒絶理由を発見しなかった場合、審査官は特許すべき旨の査定を行う（51条）。他方、拒絶理由があれば、最終的には拒絶査定がなされる。

⒜出願審査請求

　実体審査は、出願すれば自動的に審査が進められるのではなく、出願者から出願審査の請求を待って行われる（48条の2）。審査請求は出願から3年以内になす必要があり、期間内になされない場合、出願は取り下げられたものとみなされる（48条の3第1項、4項）。

　このように出願審査請求の制度がとられているのは、真に登録が必要な特許にのみ実体審査を行うことで、迅速な審査の促進を図るためである。

⒝審査請求手数料

　審査請求手数料は、通常、「138,000円＋（4,000円×請求項数）」である。審査請求をしたものの権利取得意欲を失った出願については、審査請求手数料の一部返還を請求できる（195条9項）。

⒞優先審査

　出願人は、出願公開後は補償金請求権を取得する。しかしその行使は、特許の登録後にかぎられている。そのため、公開から審査までの期間が長い場合、その期間中に第三者が類似品を製造・販売するなどして、補償金では補いきれない重大な損害が生じるおそれがある。そこで、出願公開後に第三者がその発明を事業化している場合には、出願人は優先審査を求めることができる（48条の6）。審査は本来、審査請求のあった順序に行うのが原則であるが、特許庁長官が優先審査の必要を認めた場合、審査請求の順序にかかわらず、審査官に当該出願を他の特許出願よりも先に審査してもらうことができるのである。

1-9

通常の場合

出願　　出願公開　　　　　登録

損害賠償請求権の行使可

損害賠償請求権の行使可

出願　　出願公開　　登録

優先審査の場合

⑷早期審査

　出願人自身がその発明を実施している場合などに、通常の出願に優先しての審査手続を求める制度である。優先審査制度と異なり運用上の措置である。

> **スーパー早期審査**
>
> 　早期に事業化をめざす発明やライフサイクルの短い発明などについては、早期に審査し権利化する必要性が高い。そこで、一定の要件をみたす発明について、通常の早期審査よりも更に早期に審査を行うスーパー早期審査制度が2008年10月1日より開始された。この制度を利用した第1号審査請求は、僅か17日間で特許査定がなされた。2009年10月からは、スーパー早期審査の対象に国内移行した国際出願（DO出願）が新たに加わり、さらに2018年7月からは、ベンチャー企業対応スーパー早期審査も開始されている。

⑹拒絶理由の通知と出願人の対応

> ［設例］
>
> 　出願審査請求をしたAのもとに、特許庁から拒絶理由通知書というものが送られてきた。その内容は、「Aの発明は、この分野における通常の知識を有する者が容易に考えだせるものなので、特許を受けることはできない」というものであった。自己の発明は画期的な新技術だと確信しているAに、何か反論する方法はないだろうか。

　実体審査によって特許登録の要件をみたしていないと判断された場合にも、いきなり拒絶査定がなされるわけではない。まず、出願人のもとへ拒絶理由通知書が送られてくる（50条）。それに不服のある出願人は、以下のような対応策を講じることになる。そしてこれらによっても拒絶理由が解消されない場合に、はじめて拒絶査定がなされ

る(49条)。なお、実際の拒絶理由としては、設例のように進歩性がないというのが多いようである。

(a)意見書の提出

審査官の拒絶理由に対して、出願人の意見を述べる書類が意見書である(50条)。出願人に対して、何ら弁明の機会を与えずに拒絶査定という不利益な処分を課すべきではないという考慮に基づく。

(b)手続の補正

出願の一部に不備がある場合には、補正をして不備を補うことになる(17条)。

また、出願の拒絶理由に反論できないと考えたときに、なお権利を確保するため、特許請求の範囲を補正して別の観点からの審査を受けたり、明細書に記載されている発明を新たに請求範囲に含めたり、といったことも可能である。ただし、特に明細書の補正については時期・範囲の制限があり、注意する必要がある(17条の2参照)。たとえば、新規事項を追加する補正は認められていない。先願主義の趣旨を損なうおそれがあるためである。

(c)出願の分割・変更

出願の分割とは、1つの特許出願に「発明」として申請する事項が複数存在する場合に、出願の一部を抜きだして新たな出願とすることをいう(44条)。一方、出願の変更とは、出願の日時は変えないで、もとの出願を別の出願形式に変更することをいう。つまり、実用新案登録や意匠の出願を、特許出願に変更するものである(46条)。逆に、特許出願を、実用新案登録や意匠の出願に変更することもできる(実用新案10条、意匠13条)。

(d)その他

拒絶理由に関して不明な点があったり、直接口頭での説明が必要であったりする場合には、審査官と面接を行うこともできる。審査官の連絡先は拒絶理由通知書に記載されている。もはや拒絶理由を解消できない、あるいは期待した権利が得られないと考えた場合には、出願の取下げ、放棄もできる。また、放置しておくと拒絶査定される。

(e)設例の検討

設例では、Aは自己の発明が画期的な新技術だと確信している。そこで、たとえば自己の発明が従来技術とどのように異なっており、結果としてその効果にいかに顕著な違いがあるかを具体的、論理的に記載した意見書を提出して反論することが考えられる。

⑺最終査定

審査官の審査の結果拒絶理由がみつからなかった場合、および、意見書や補正書等の提出によって拒絶理由が解消され、登録要件がみたされた場合には、審査官は特許をすべき旨の査定（特許査定）をする（特許51条）。

他方、拒絶理由がみつかり、意見書や補正を行うなどによっても解消されない場合は、拒絶査定がなされる。これに不服があれば、拒絶査定不服審判（③【4】⑴参照）を請求して争うことができる。審判を請求しなければ、拒絶査定が確定することになる。

⑻登録

⒜概要

特許査定がされると、出願人に特許査定の謄本が送達されてくる。そして、送達された日から30日以内に、第1年から第3年までの特許料を納付すれば、特許権の設定登録がされる。この登録の時点で特許権は成立し（66条1項）、原則として出願の日から20年間存続する（67条1項）。特許料の納付を忘れると出願が却下されてしまい、これまでの手続がなかったものと扱われるので、注意が必要である。もっとも、資力が乏しい等の事情があれば、減額・免除・猶予といった措置を受けることもできる。

特許権の登録がされると、特許庁がその内容を特許公報に掲載して（66条3項）、広く社会に公開する。これには、特許権者の氏名、出願年月日、明細書の記載事項、図面の内容といった事項が掲載される。

⒝特許料

特許料の具体的な金額は、107条1項に規定されている。特許料が段階的に高くなるのは、特許権者に割にあわない特許を自発的に手放させようという考慮による。

【4】 拒絶査定を受けた者の主張

拒絶査定がされてしまったが、なお特許を諦められない場合には、次のような手段が考えられる。

⑴拒絶査定不服審判

拒絶査定を受けた者は、特許庁に、査定の謄本の送達があった日から原則として3か月以内に拒絶査定不服審判を請求することができる（121条1項）。後述（③【5】⑴）の特許無効審判とは異なり、特許庁を相手方とするので、査定系審判手続とよばれる。なお、特許庁ではなく、特許権者を相手方とする場合は、当事者系審判手続という。

また、拒絶査定不服審判の請求とともに出願書類の補正をすることもできる（17条の2第1項4号）。この補正可能時期については、審判請求と同時にのみ可能である。これは、出願者に補正検討期間を十分に与えつつ、競合他社等の第三者が自己の保有

する特許権と抵触しないかなどを監視する負担を軽減する趣旨である。

　審理の結果、拒絶の理由を発見できなかったときは、査定を取り消して特許をすべき旨の審決(特許審決)をしなければならない(159条3項、51条)。他方、拒絶査定の理由が正当であると判断したときは、不服審判の請求を不成立とする審決を行う。

(2)訴訟

　拒絶査定不服審判にも不服がある当事者は、東京高等裁判所に審決取消訴訟を提起することができ(178条1項)、その特別の支部である知的財産高等裁判所が事件を取り扱う(知財高裁2条2号)。審決取消訴訟は、審決謄本が送達された日から30日以内に提起しなければならない(特許178条3項)。

　通常の訴訟と異なり、地方裁判所が第一審でないのは、特許庁の審判が準司法的な性格を有するためである。知的財産高等裁判所の判決にも不服がある場合には、最高裁判所に上告をすることもできる。もっとも、そこまでいくと、相当な費用や時間が必要となる。そのため、どこまで争うかは、費用対効果も考えて慎重に決定しなければならない。

(3)その他

　拒絶査定自体を争うだけの理由がないという場合、[3]【3】(6)(b)、(c)で述べたように補正(17条の2第1項3号)や出願の分割(44条)を行うことで、当初期待していたものと同一ではないものの、一定範囲で特許権の確保が可能となることもある。

1−10

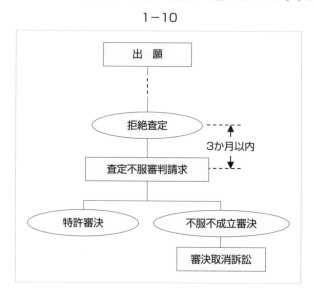

【5】登録を受けた特許権者に対する第三者の主張

> ［設例］
>
> 　A社がある新製品の製造・販売を計画していたところ、これを知ったB社から、「その新製品については、当社が特許登録を受けているので、無断で製造・販売することは特許権侵害にあたる」という警告を受けた。A社が調査したところ、たしかにB社は特許登録を受けていた。しかし、特許を受けるような進歩性のある製品とも思えず、なぜ特許登録されたのかA社としては疑問でならない。何か対応策はないだろうか。

　特許登録は、特許庁の審査を経て行われる。しかし、なかには誤って本来登録できないはずの発明が特許登録されてしまっていることも、ないとはいえない。そこで、特許法は、第三者に登録の有効性を争う機会を与えるべく、特許無効審判請求および特許異議申立て(2014年改正により新設)の制度を設けている。

⑴特許無効審判

　本来ならば登録を拒絶されるはずの発明が特許登録されている場合、第三者は、その特許を無効とすることについて、特許権者を相手方として、特許無効審判を請求することができる(123条)。拒絶査定不服審判の訂正審判と異なり、特許庁を相手方とせず、当事者同士で争う対立構造の審判である(当事者系審判手続)。無効審判の請求が成立する、つまり特許を無効とすべき旨の審決が確定すると、その特許ははじめから存在しなかったものとみなされる(125条本文)。請求時期について特に制限はない。請求人については、利害関係人に限定される(123条2項)。そのなかでも、冒認出願を理由に特許無効審判請求する場合には、特許を受ける権利を有する者に限定される(123条2項括弧書)。

⑵訴訟

　特許無効審判の審決に不服のある当事者は、拒絶査定不服審判の場合と同様に、東京高等裁判所の特別の支部である知的財産高等裁判所に審決取消訴訟を提起することができる(178条1項、知財高裁2条2号)。審決取消訴訟は、審決謄本が送達された日から30日以内に提起しなければならない(特許178条3項)。知的財産高等裁判所の判決にも不服があるならば、更に最高裁判所に上告することもできる。設例のA社も、特許無効審判請求を行うといった対応策をとることが考えられよう。

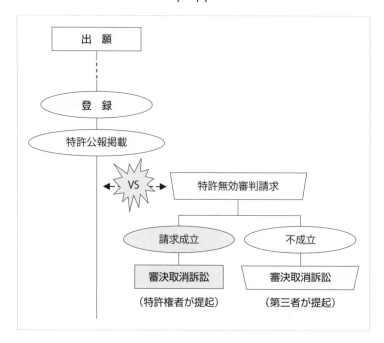

★重要判例〈メリヤス編機事件〉（最大判昭和51年3月10日民集30巻2号79頁〔特許百選82事件〕）

　Xの「メリヤス編機」に関する特許権について、Yが無効審判請求を行い、公知事実Aの存在を主張したところ、これが認められて、新規性がないことを理由に特許無効審決がだされた。そこでXは、Yを被告として、東京高等裁判所に審決取消訴訟を提起した。Yはこの訴訟において、かりに公知事実Aが存在しなかったとしても、別の公知事実が存在しているのでXの特許は無効だと主張したため、審決取消訴訟において、審判で審理・判断された公知事実とは別の公知事実を審理・判断の対象とできるのかが問題となった。最高裁は、「審決の取消訴訟においては、抗告審判の手続において審理判断されなかった公知事実との対比における無効原因は、審決を違法とし、又はこれを適法とする理由として主張することができないものといわなければならない」と判示し、Yの主張には理由がないと結論づけた。抗告審判は、いわば第一審の機能を有しており、そこで主張せず争っていない公知技術を、次の段階である審決取消訴訟では主張できないということである。旧法下の事件だが、現行法下でも妥当する判例と解されている。

(3)審決取消訴訟の訴えの利益

　審決取消訴訟係属中に特許権の存続期間が満了した場合に、当該特許についての特

許無効審判の請求人の訴えの利益が消滅しないか問題となる。裁判例は、「特許無効審判請求は、当該特許権の存続期間満了後も行うことができるのであるから（特許法123条3項）、特許権の存続期間が満了したからといって、……特許無効審判請求を不成立とした審決に対する取消しの訴えの利益が消滅するものではないことも明らかである」としている（〈ピリミジン誘導体事件〉知財高判平成30年4月13日判時2427号91頁〔特許百選81事件〕）

⑷特許無効審判の確定審決の効力

特許無効審判または延長登録無効審判の確定審決につき、同一の事実および同一の証拠に基づく審判請求であっても、審判請求人ごとの主張立証の巧拙により結論が変わる可能性がある。そこで、主張の機会を与えられなかった第三者にまで審決の効力を及ぼすことは妥当でないとして、審決の効力の及ぶ範囲、すなわち、同一の事実および同一の証拠に基づき審判を請求できない者の範囲を「当事者及び参加人」に限定し、第三者効を否定している（167条）。

⑸特許異議申立て

特許無効審判は、利害関係人にかぎり請求することができる（123条2項）。一方、特許異議の申立ては、だれでも行うことができる（113条柱書）。ただし、特許無効審判を請求できる期間には制限がないのに対して（123条3項参照）、特許異議申立てのできる期間には特許掲載公報発行の日から6か月以内という制限がある（113条柱書）。特許異議申立ての手続は、原則として特許庁と特許権者との間で進められる（査定系審判手続）。特許を取り消す決定に対して、特許権者は知的財産高等裁判所に不服を申し立てることができるが（178条1項、知財高裁2条2号）、特許を維持する決定に対して、申立人は不服を申し立てることができない（特許114条5項）。

4 特許権の効力

【1】概要

特許権者は、業として特許発明の実施をする権利を専有する（68条）。つまり、特許権者だけがその発明を実施することができ、他人が当該発明を無断実施したときには、これを排除することができるのである。そのため、特許権は、独占排他的な権利ということができる。

また、特許権が及ぶ範囲は、「業として」の実施についてのみである。「業として」とは、広く「事業として」という意味であり、営利を目的とする場合にかぎられない。

「業として」の実施でなければ特許権が及ばないとされた理由は、特許法が「産業の発達に寄与すること」を目的としており、個人的な実施や家庭内での実施にまで特許権の効力を及ぼす必要はない点に求められる。

【2】 特許権の効力が及ぶ範囲

［設例］

　特許権者のXは、特許請求の範囲に「製法αによって製造されるゼリーA」と記載されたゼリーについて特許権を保有していたところ、Yが製法βによってゼリーAの生産を開始した。Yの生産行為は、Xの上記特許権を侵害しているものといえるか。

(1)概要

(a)実施（2条3項各号）

　特許権者は、業として特許発明の実施をする権利を専有する（68条）。換言すれば、発明の「実施」にあたる行為については特許権の効力が及び、他者が無断で「実施」にあたる行為をすれば特許権侵害だということになる。そこで、どのような行為が発明の「実施」にあたるかが問題となる。これについては法が発明の種類ごとに規定をしている（2条3項各号）。

　前述（[2]【1】(6)参照）のとおり、発明には、物の発明、方法の発明の2種類がある。さらに、方法の発明には、物を生産する方法の発明と、その他の（単純）方法の発明があった。再度例をあげれば、新しい化学繊維を開発した場合、その化学繊維の発明は物の発明に、その化学繊維の製造方法の発明は物を生産する方法の発明にあたる。また、その他の（単純）方法の発明の例としては、赤外線を制御する方法の発明などがあげられる。

　そして、まず物（プログラム等を含む）の発明の場合、「実施」とは、「その物の生産、使用、譲渡等（譲渡及び貸渡しをいい、その物がプログラム等である場合には、電気通信回線を通じた提供を含む。以下同じ。）、輸出若しくは輸入又は譲渡等の申出（譲渡等のための展示を含む。以下同じ。）をする行為」をいう（2条3項1号）。

　一方、（単純）方法の発明の場合、「実施」とは、「その方法の使用をする行為」をいう（2条3項2号）。また、物を生産する方法の発明の場合、「その方法の使用をする行為」のほか、「その方法により生産した物の使用、譲渡等、輸出若しくは輸入又は譲渡等の申出をする行為」が「実施」にあたる（2条3項3号）。

物の発明	(単純)方法の発明	物を生産する方法の発明
その物の生産、使用、譲渡、貸渡し、輸出入、譲渡・貸渡しの申出をする行為	その方法の使用をする行為	その方法を使用する行為。その方法により生産した物の使用、譲渡、貸渡し、輸出入、譲渡・貸渡しの申出をする行為

たとえば、判例でも問題になった事案であるが、ある物質の化学変化の測定方法について特許権をもっている者が、その方法を使用して医薬品を製造している者に対し、権利侵害だとして製造販売の差止めを求めたいという場合を考えてみよう。この場合、当該発明が物を生産する方法の発明にあたるとすれば、その方法を使用して医薬品を製造販売する行為は「その方法により生産した物の……譲渡」にあたり、差止めは認められることとなる。しかし、当該発明がその他の方法の発明にあたるとすると、その方法を使用すること自体は特許権の侵害にあたるものの、その後に医薬品を製造販売する行為は「その方法の使用をする行為」にはあたらず、差止めは認められない(〈生理活性物質測定法事件〉参照)。

このように、発明の捉え方によって、どのような行為が「実施」にあたり、特許権の効力が及ぶのかが異なってくるので、出願の際には注意が必要である。

(b)プロダクト・バイ・プロセス・クレーム

物の発明につき、物の構造や特性の全体あるいは一部を製造方法で特定する方式で記載されたクレームをプロダクト・バイ・プロセス・クレームという。このクレームについては、クレームの技術的範囲をどのように確定していくかが問題となる。すなわち、権利の及ぶ範囲は、製造方法にかかわらずその物それ自体に及ぶのか(物同一説)、特許請求の範囲に記載されている製造方法に限定された範囲での物にしか及ばないのか(製法限定説)という問題である。

この点について、判例は、物同一説を採用している(〈プラバスタチンナトリウム事件〉最判平成27年6月5日民集69巻4号700頁〔特許百選4①事件〕)。

★重要判例〈プラバスタチンナトリウム事件〉(最判平成27年6月5日民集69巻4号700頁〔特許百選4①事件〕)

「プラバスタチンラクトン及びエピプラバスタチンを実質的に含まないプラバスタチンナトリウム並びにそれを含む組成物」という特許を保有する原告が、被告が販売する医薬品は原告の特許権を侵害するとして、その製造販売の差止めを求めた事案である。判例は、上記特許権の効力について、「特許は、物の発明、方法の発明又は物を生産する方法の発明についてされるところ、特許が物の発明についてされている場合には、その特許権の効力は、当該物と構造、

特性等が同一である物であれば、その製造方法にかかわらず及ぶ」としており、物同一説に立っている。また、明確性要件（36条6項2号）の観点から、プロダクト・バイ・プロセス・クレームは、「出願時において当該物をその構造又は特性により直接特定することが不可能であるか、又はおよそ実際的でないという事情が存在するときに限られる」としている。

(c)機能的クレーム

　特許請求の範囲が、具体的な構成ではなく、その構成が果たす機能として抽象的に記載されているクレームを機能的クレームという。たとえば、「鍵を抜き取った状態において硬貨の投入行為を妨げる手段を設けたことを特徴とする貸ロッカーの硬貨誤投入防止装置」などがあげられる。機能的クレームもプロダクト・バイ・プロセス・クレームと同様に、クレームの技術的範囲をどのように確定していくかが問題となる。この点について、当該機能を有するすべての構成が、技術的範囲に属すると考えると、明細書に開示されていない技術的思想に属する構成までもが含まれることになりかねず、特許権者に不当に広い範囲での独占権を与えることになってしまい、産業の発展が阻害されることとなる。そこで、機能的クレームの技術的範囲は、明細書の発明の詳細な説明に開示された具体的構成を参酌しながら解釈すべきである（〈端面加工装置事件〉東京地判平成25年10月31日判例集未登載〔特許百選5事件〕）。

　ただし、このことは、特許の技術的範囲を明細書に記載された具体的な実施例に限定するものではなく、実施例としては記載されていなくても、明細書に開示された特許に関する記述の内容から当業者が実施しうる構成であれば、その技術的範囲に含まれるとされている（実用新案法について〈磁気媒体リーダー事件〉東京地判平成10年12月22日判時1674号152頁参照）。

(d)設例の検討

　Xの保有する特許権の特許請求の範囲には、「製法αによって製造されるゼリーA」との記載がある。これは、物についての発明を製造方法によって特定しているから、プロダクト・バイ・プロセス・クレームにあたりうる。ゼリーAを構造または特性により直接特定することが不可能または実際的でない場合、たとえば、特定に著しく多大な費用を要するなどの場合には、プロダクト・バイ・プロセス・クレームが許される。そして、プロダクト・バイ・プロセス・クレームが許される場合、判例の考え方に従うならば、Xの保有する特許権の及ぶ範囲は、ゼリーAという物自体に及び、製造方法αによって製造されるゼリーAに限定されない。Yは、製法αを用いず、独自の製法βを用いて、ゼリーAを生産しているが、ゼリーAを「生産」している以上、Xの特許発明を「実施」（2条3項1号）しているといえ、Yの行為は、特許権侵害となる。

⑵特許権の消尽

［設例］

　わが国の会社A社は、パソコンのインクジェットプリンタ用インクタンクについての特許権者である。A社はそのインクタンクを日本およびアメリカで製造・販売していた。ところが、リサイクル業者B社は、エコロジーを売り文句にユーザーから使用ずみのインクタンクを回収し、洗浄したうえで、新しいインクを詰め、A社の正規品より安い再生品インクタンクを販売しはじめた。安い再生品によって売り上げが落ちたA社は、B社を特許権侵害で訴えることができるだろうか。

⒜消尽論

　消尽という言葉は、一般的になじみのない言葉かもしれない。辞書的な意味では、「あるものを使いきること」である。特許法において、判例上、特許発明の実施品が、特許権者によって譲渡され、適法に流通におかれたときは、譲受人がその実施品を再び譲渡する場合について特許権の効力は及ばないとされている。これを特許権が消尽したと表現する。つまり、特許権の効力は、原則として、実施品を一度譲渡することで、使いきられてしまうということである。その根拠は、①商品の自由な流通を尊重する必要があること、②特許権者はいったん譲渡した時点で公開の代償を含めた対価を得ており、特許権者に二重の利得を与える必要はないことに求められる。このように、特許権者等が国内で製品を流通においた場合に、特許権が消尽することを国内消尽という。

　では、当初の譲渡が国外で行われた場合にも、特許権は消尽するのか。これを国際消尽の問題という。最高裁は、わが国の特許権と国外における特許権とは別個の権利である以上、二重の利得はないとして国際消尽を否定しつつ、国外で譲渡等したことによりその後の特許製品の利用については黙示の許諾をしたものといえるとして（黙示の許諾論）、特許権の効力が及ばない旨の結論を導いている（〈BBS並行輸入事件〉最判平成9年7月1日民集51巻6号2299頁〔特許百選26事件〕）。

⒝消尽の例外

　しかしながら、消尽論の根拠から考えてみると、たとえば使い捨てカメラのフィルムが交換された場合のように、特許製品に大幅な加工や部材交換等が施され、もはや当初譲渡された製品とは異なる新たな製品が製造されたとまでいえるような場合には、商品の自由な流通が阻害されるとはいえないし、特許権者に二重の利得を与えること

にもならない。そのため、このように特許製品と同一性を欠く製品が新たに製造されたものと認められるときには、消尽の例外として、特許権の行使が認められる（〈キヤノン・インクカートリッジ・リサイクル事件〉最判平成19年11月8日民集61巻8号2989頁〔特許百選22事件〕参照）。

　消尽論は、司法試験でも頻出の重要分野である。

★重要判例〈BBS並行輸入事件〉（最判平成9年7月1日民集51巻6号2299頁〔特許百選26事件〕）

　いわゆる真正商品の並行輸入の可否が問題になった事案で、最高裁は次のように述べ、並行輸入は禁止できないとの結論を導いた。「我が国の特許権者又はこれと同視し得る者が国外において特許製品を譲渡した場合においては、特許権者は、譲受人に対しては、当該製品について販売先ないし使用地域から我が国を除外する旨を譲受人との間で合意した場合を除き、譲受人から特許製品を譲り受けた第三者及びその後の転得者に対しては、譲受人との間で右の旨を合意した上特許製品にこれを明確に表示した場合を除いて、当該製品について我が国において特許権を行使することは許されないものと解するのが相当である。すなわち、……特許製品を国外において譲渡した場合に、その後に当該製品が我が国に輸入されることが当然に予想されることに照らせば、特許権者が留保を付さないまま特許製品を国外において譲渡した場合には、譲受人及びその後の転得者に対して、我が国において譲渡人の有する特許権の制限を受けないで当該製品を支配する権利を黙示的に授与したものと解すべきである。」

★重要判例〈キヤノン・インクカートリッジ・リサイクル事件〉（最判平成19年11月8日民集61巻8号2989頁〔特許百選22事件〕）

　Yが、Xの製造販売するインクジェットプリンタ用インクタンクの使用ずみ品を洗浄し、新たにインクを注入するなどして製造されたインクタンクを輸入、販売していたのに対し、Xが輸入、販売等の差止めおよび廃棄を請求した事案である。

　最高裁はまず、「特許権者又は特許権者から許諾を受けた実施権者（以下、両者を併せて『特許権者等』という。）が我が国において特許製品を譲渡した場合には、当該特許製品については特許権はその目的を達成したものとして消尽し、もはや特許権の効力は、当該特許製品の使用、譲渡等……には及ばず、特許権者は、当該特許製品について特許権を行使することは許されないものと解するのが相当である。この場合、特許製品について譲渡を行う都度特許権者の許諾を要するとすると、市場における特許製品の円滑な流通が妨げられ、かえって特許権者自身の利益を害し、ひいては特許法1条所定の特許法の目的にも反することになる一方、特許権者は、特許発明の公開の代償を確保する機会が既に保障されているものということができ、特許権者等から譲渡された特許製品について、特許権者がその流通過程において二重に利得を得ることを認める必要性は存在しないからである」と判示して国内消尽論を肯定しつつ、消尽の例外については、「特許権の消尽により特許権の行使が制限される対象となるのは、飽くまで特許権者等が我が国において譲渡した特許製品そのものに限られるものであるから、特許権者等が我が国において譲渡した特許製品につき加工や部材の交換がされ、それにより当該特許製品と同一性を

欠く特許製品が新たに製造されたものと認められるときは、特許権者は、その特許製品について、特許権を行使することが許されるというべきである。そして、上記にいう特許製品の新たな製造に当たるかどうかについては、当該特許製品の属性、特許発明の内容、加工及び部材の交換の態様のほか、取引の実情等も総合考慮して判断するのが相当であ」る、と判示した。

また、特許権者等が国外において特許製品を譲渡した場合についても、BBS並行輸入事件判決が述べた黙示の許諾論により特許権の行使は許されなくなるが、国内消尽の場合と同様に、「我が国の特許権者等が国外において譲渡した特許製品につき加工や部材の交換がされ、それにより当該特許製品と同一性を欠く特許製品が新たに製造されたものと認められるときは、特許権者は、その特許製品について、我が国において特許権を行使することが許されるというべきである」として、国際消尽についても例外があることを認めた。

そして、本件インクカートリッジについては、加工前の製品と同一性を欠く特許製品が新たに製造されたものと認められるとして、Xの輸入、販売等の差止めおよび廃棄の請求を認めた。

(3)設例の検討

設例のA社の発明は、インクジェットプリンタ用インクタンクという物の発明である。B社は「業として」、再生品の製造販売、すなわち「その物の生産」、「譲渡」を行っているから、発明を「実施」したとして特許権侵害になりそうである（2条3項1号）。

しかし、A社が国内および国外で特許製品を販売（譲渡）したことにより、特許権は

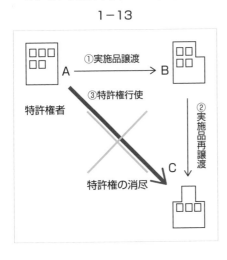

1-13

消尽したとして、その効力が及ばなくなるのではないか。つまり、日本で販売した製品については国内消尽の成否が、アメリカで販売した製品については黙示の許諾論が問題となる。判例の述べたような具体的な事情から、B社のリサイクル品の製造が、A社製品とは同一性を欠く特許製品の新たな製造といえる場合には、消尽または黙示の許諾論の例外としてA社の特許権侵害の主張が認められるが、そうでない場合にはA社の特許権は消尽しまたは黙示の許諾が与えられたとして、特許権侵害の主張は認められない。

【3】特許権の効力の制限

以上みてきたように、特許権者は独占排他的な権利を専有するが、強い効力をもつ権利であるがゆえに、場合によっては、かえって産業の発達を害しかねない。そこで、

特許権の効力の制限が明文で定められている。これは、大別して権利の限界による制限と、他人との関係による制限に分けられ、その各々について更に複数の類型があるため、以下、順にみていく。

1-14

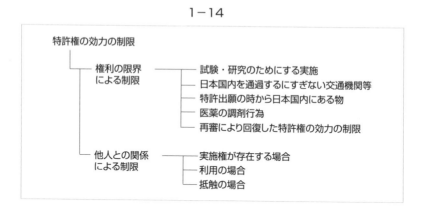

(1)権利の限界による制限

特許権という権利自体の限界による制限については、69条所定の場合と175条(再審により回復した特許権の効力の制限)がある。ここでは、重要性の高い試験・研究のためにする実施についてのみ説明する。

技術の進歩を目的とした試験・研究のためにする実施を禁じては、かえって産業の発達を阻害しかねない。そこで、このような実施には特許権が及ばないとされている(69条1項)。もっとも、試験・研究のための実施を超えて、市場調査のための実施や特許権存続期間満了後の販売に向けた実施は、「試験又は研究のため」とはいえないので、注意が必要である。

(2)他人との関係による制限

権利自体の限界にはあたらなくとも、他人の権利と調整をする必要から特許権が制限される場合がある。

(a)実施権が存在する場合

特許権者はその特許権をみずから実施するだけでなく、他人に実施を許諾することもできる。また、特許権者の意思にかかわらず、他人に実施権が認められる場合もある。これら実施権が設定された場合、そのかぎりで特許権の効力は制限を受ける。実施権についての詳細は後述(6【2】参照)する。

(b)利用の場合

自己の特許発明が他人の先願の特許発明、登録実用新案、登録意匠等を利用するも

のであるときは、自己の特許発明を実施することはできない(72条。なお、意匠26条参照)。後願者は特許を受けることはできても実施を制限されるとして、権利者間の調整を図った規定である。もっとも、後願者は先願者から許諾を受ければその権利を実施することができる。また、一定の場合には通常実施権設定の裁定を請求することもできる(特許92条)。

(c)抵触の場合

　特許権と特許権、または特許権と実用新案権については、権利が抵触する場合、そもそも登録を拒絶されてしまう。しかし、特許権と意匠権、商標権とは異なる観点から権利設定がされるため、同一の物品について特許権と意匠権、商標権が成立し、権利の抵触を生じる場合がある。よくあげられる例としては、スリップを減らすために特殊な凹凸を付けた自動車のタイヤについて、特許権が成立する一方で、その凹凸が美感を起こさせるために意匠権も成立しうる、といった場合である。このような権利の抵触を生じる場合、やはり後願者は自己の権利を実施することはできない(72条)。なお、先願者からの許諾や裁定の請求については、利用関係の場合と同様である。

1-15

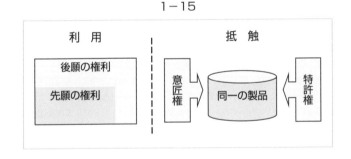

【4】特許権侵害

(1)特許発明の技術的範囲

　特許を受けた発明について特許権の効力の及ぶ範囲を特許発明の技術的範囲とよび、これは願書に添付した(36条参照)特許請求の範囲(クレーム)の記載に基づいて認定される(70条1項)。特許請求の範囲に記載された用語の意義は、明細書の記載および図面を考慮して解釈される(70条2項)。

　こうして、特許請求の範囲を文言解釈して、特許請求の範囲に記載されている各要件(構成要件とよぶ)をすべてみたすものが、特許発明の技術的範囲に属するものとして特許権侵害になる。これを文言侵害といい、特許権侵害の原則形態である。

⑵均等論

　これに対して、特許請求の範囲に記載された構成要件と一部異なる部分があっても（この場合、文言侵害にはならない）、対象製品が構成要件と実質的に同一と評価される場合に特許権侵害（均等侵害）と評価する論理を均等論とよぶ。

　たとえば、特許発明の構成要件の一部を、出願時点では開発されていなかった新素材で置き換えたという場合を考えてみよう。特許出願時点で将来のあらゆる侵害態様を予想してクレームを記載することは困難であり、発明の一部を新素材に置換しただけで特許権侵害から免れるとすれば、発明の保護、奨励を通じて産業の発達に寄与するという特許法の目的に反し、衡平の理念にもとる。そこで、一定の場合には特許権の効力を及ぼすべきだというのが均等論の考え方である。

　均等論が認められる要件については、ボールスプライン事件最高裁判決（最判平成10年2月24日民集52巻1号113頁〔特許百選8事件〕）が①非本質的部分、②置換可能性、③置換容易性、④公知技術からの容易推考性の不存在、⑤特段の事情の不存在の5要件をあげている。よく理解しておいてほしい。

★重要判例〈ボールスプライン事件〉（最判平成10年2月24日民集52巻1号113頁〔特許百選8事件〕）

　Yの製造販売した製品が、Xの特許発明の技術的範囲に属するか否かが問題となった事件である。判決は、（Xの）「特許請求の範囲に記載された構成中に対象製品等（注：Yの製品等をさしている）と異なる部分が存する場合であっても、⑴右部分が特許発明の本質的部分ではなく、⑵右部分を対象製品等におけるものと置き換えても、特許発明の目的を達することができ、同一の作用効果を奏するものであって、⑶右のように置き換えることに、当該発明の属する技術の分野における通常の知識を有する者（以下『当業者』という。）が、対象製品等の製造等の時点において容易に想到することができたものであり、⑷対象製品等が、特許発明の特許出願時における公知技術と同一又は当業者がこれから右出願時に容易に推考できたものではなく、かつ、⑸対象製品等が特許発明の特許出願手続において特許請求の範囲から意識的に除外されたものに当たるなどの特段の事情もないときは、右対象製品等は、特許請求の範囲に記載された構成と均等なものとして、特許発明の技術的範囲に属するものと解するのが相当である」として、一般論として均等論を肯定した。その根拠として「⑴特許出願の際に将来のあらゆる侵害態様を予想して明細書の特許請求の範囲を記載することは極めて困難であり、相手方において特許請求の範囲に記載された構成の一部を特許出願後に明らかになった物質・技術等に置き換えることによって、特許権者による差止め等の権利行使を容易に免れることができるとすれば、社会一般の発明への意欲を減殺することとなり、発明の保護、奨励を通じて産業の発達に寄与するという特許法の目的に反するばかりでなく、社会正義に反し、衡平の理念にもとる結果になるのであって、⑵このような点を考慮すると、特許発明の実質的価値は第三者が特許請求の範囲に記載された構成からこれと実質的に同一なものとして容易に想到することのできる技術に及び、第三者はこれを予期すべきものと解するのが相当であり、⑶他方、特許発明の特許出

願時において公知であった技術及び当業者がこれから右出願時に容易に推考することができた技術については、そもそも何人も特許を受けることができなかったはずのものであるから（特許法29条参照）、特許発明の技術的範囲に属するものということができず、(4)また、特許出願手続において出願人が特許請求の範囲から意識的に除外したなど、特許権者の側においていったん特許発明の技術的範囲に属しないことを承認するか、又は外形的にそのように解されるような行動をとったものについて、特許権者が後にこれと反する主張をすることは、禁反言の法理に照らし許されないからである」と述べている。

　もっとも、要件について審理を尽くさせる必要があるとして差し戻されたため、最高裁において要件の具体的判断は行われなかった。

★重要判例〈マキサカルシトール事件〉（知財高判平成28年3月25日民集71巻3号544頁〔特許百選9事件〕）

　均等論の5要件の主張立証責任について、知財高裁は、「第1要件ないし第5要件の主張立証責任については、均等が、特許請求の範囲の記載を文言上解釈し得る範囲を超えて、これと実質的に同一なものとして容易に想到することのできるものと認定される範囲内で認められるべきものであることからすれば、かかる範囲内であるために要する事実である第1要件ないし第3要件については、対象製品等が特許発明と均等であると主張する者が主張立証責任を負うと解すべきであり、他方、対象製品等が上記均等の範囲内にあっても、均等の法理の適用が除外されるべき場合である第4要件及び第5要件については、対象製品等について均等の法理の適用を否定する者が主張立証責任を負うと解するのが相当である」と判示した。

★重要判例〈マキサカルシトール事件上告審〉（最判平成29年3月24日民集71巻3号359頁〔特許百選10事件〕）

　出願人が、特許出願時に、特許請求の範囲に記載された構成中の対象製品等と異なる部分につき、対象製品等にかかる構成を容易に想到することができたにもかかわらず、これを特許請求の範囲に記載しなかった場合には、特許請求の範囲から意識的に除外されたものといえ、特段の事情が存するから第5要件を充足しないのではないかという点が争われた事案について、判例は、客観的、外形的にみて、対象製品等に係る構成が特許請求の範囲に記載された構成を代替すると認識しながらあえて特許請求の範囲に記載しなかった旨を表示していたといえるときには、対象製品等が特許発明の特許出願手続において特許請求の範囲から意識的に除外されたものに当たるなどの特段の事情が存する」と結論づけた。

(3)間接侵害

　特許権侵害は、正当な権限なく、特許請求の範囲に記載された発明（特許発明の技術的範囲に属する発明）を業として実施する場合に成立するのが原則である。これを直接侵害とよぶ。

　これに対し、特許権の実施行為に加担しまたは幇助する行為のように、クレームの

一部しか実施していない場合には直接侵害は成立しない。しかし、これでは特許権保護の実効性を十分に確保できないことから、101条はこうした予備的行為のうち一定の類型のものを侵害行為とみなす旨を規定しており、間接侵害とよばれる。

　間接侵害とされる類型を物の発明についてみると、以下の3つが規定されている。すなわち、①発明品の生産にのみ用いる物を業として生産、譲渡等する行為(101条1号)、②発明品の生産に用いる物(日本国内において広く一般に流通しているものを除く)であって、その発明による課題の解決に不可欠なものを、それが特許発明の実施に用いられることを知りながら、業として生産、譲渡等する行為(101条2号)、③発明品を、業として譲渡等または輸出するため、所持する行為(101条3号)である。方法の発明についても同様の規定がある(①につき101条4号、②につき5号、③につき6号)。①と②の違いは、②には生産品の生産「にのみ」という限定がない一方で、「知りながら」という主観的要件が付加されている点にある。また、「にのみ」といえるためには、当該物に経済的、商業的または実用的な他の用途がないことが必要であるとされている。非実用的な用途が認められるだけでは、依然として、直接侵害を誘発する蓋然性が高いからである。

　たとえば、製パン器について特許登録がされたときに、その製パン器にしか使用されない部品を、業として、製造・販売すれば、1号により間接侵害となる。製パン方法について特許登録がされたときに、その製パン方法のみを実践する製パン器を、業として、製造・販売すれば、4号により間接侵害となる(〈製パン器事件〉大阪地判平成12年10月24日判タ1081号241頁参照)。

　間接侵害については、直接侵害が成立しない場合に、間接侵害が成立するのかという論点がある。たとえば、直接行為者の実施行為が、家庭内の実施行為にすぎず、「業として」(68条本文)にあたらない場合や「試験又は研究のため」の実施(69条1項)である場合に、その者に部品等の間接侵害品を提供する者に間接侵害が成立するのかという問題である。直接侵害の存在を前提とする従属説や直接侵害を前提としない独立説が対立しているが、直接侵害と同様の利益状況が生じるか、特許法の目的から妥当な結論を得ることができるという点から検討していく折衷説が通説的見解である。

　間接侵害は、司法試験頻出の分野でもあるため、確実におさえていきたい。

【5】 特許権侵害に対する救済手段

[設例]

　先のリサイクル業者B社に対し、A社が特許権侵害を主張して救済を受ける手

段としてはどのようなものがあるだろうか。

　B社の行為が特許権侵害にあたる場合、特許権者であるA社は、まずB社に対して特許権侵害である旨の警告をする。これを契機にAB間で協議をして、ライセンス契約を締結するなどの解決策がとられれば、特にそれ以上の問題は生じない。しかし、必ずしも当事者間の協議で解決ができるとはかぎらない。そのような場合に権利者（設例ではA社）を救済する手段として、図1−16のようなものがある。以下で、順にその概要をみていく。

1−16

(1)差止請求

　特許権や後述の専用実施権（⑥【2】(1)参照）を有する者は、権利を侵害する者や侵害するおそれのある者に対して、特許権の侵害の停止または予防を請求することができる（100条1項）。また、侵害行為を組成した物の廃棄なども請求できる（100条2項）。これは、特許権侵害に対するもっとも直接的で有効な救済手段といえよう。

　これらは、侵害者の故意・過失の有無にかかわらず認められる。したがって、特許権の存在をまったく知らずに、たまたま同じ発明をして実施している人であっても、差止請求を免れることはできない。一方で、著作権侵害の場合も、差止請求は侵害者の故意・過失を要件とすることなく認められるが（著作112条1項）、偶然に同じ著作物を創作したとしても、差止請求を受けることはない。この場合は「依拠」の要件を欠くため、著作権侵害とならないからである（第2章⑨【1】(2)参照）。

(2)損害賠償請求

(a)侵害者の過失の推定

　特許権者等は、侵害者に対して、損害賠償を請求することができる（民709条）。通常、民法709条による損害賠償請求では、損害賠償を請求する側が、侵害者の故意・過失を立証しなければならない。しかし、特許発明の内容は、特許公報等で公示され

ている。そして、業としての実施でなければ特許権侵害にならないところ、業として
発明を実施する者には特許公報等を調査する注意義務が課されてしかるべきといえる。
このような考慮から、特許権を侵害した者には過失があったと推定される（特許103条）。

(b)損害額の推定等

特許権者等が侵害者に対して損害賠償を請求できるとしても、実際の損害額の立証
は容易ではない。そこで、102条が以下のような定めを設けている。

まず、特許権者等は侵害者に対し、販売数量の減少による逸失利益およびライセン
ス機会の喪失による逸失利益を損害額として請求できる（102条1項、逸失利益）。2019
年改正により、特許権者等の生産能力、販売能力を超える場合であっても、侵害者に
ライセンスを行うことができたと認められる部分については、損害賠償を請求できる
ようになった（102条1項2号）。

次に、侵害者が侵害行為により利益を受けている場合、特許権者等がその利益の額
を立証すれば、その利益額が特許権者等の損害額と推定される（102条2項、侵害者利
益）。

さらに、特許権者等は侵害者に対し、少なくともその特許発明の実施料に相当する
額を損害額として請求できる（102条3項、実施料相当額）。

なお、2019年改正により、102条1項2号や102条3項の実施の対価については、特
許権が侵害されたことを前提に、対価を考慮することができることになった（102条4
項）。つまり、多少割高な実施料が設定されるということである。

102条の適用の問題は、司法試験でも頻出であるので、おさえておきたい。

1-17　102条に基づく損害額の算定方法

①損害額＝逸失利益（販売数量の減少）‥‥‥‥‥1項1号
　　　　　　　　　　　　　＋
　　　　　逸失利益（ライセンス機会の喪失）‥‥1項2号
②損害額＝侵害者利益‥‥‥‥‥‥‥‥‥‥‥‥‥‥‥‥2項
③損害額＝実施料相当額‥‥‥‥‥‥‥‥‥‥‥‥‥‥‥3項

(3)不当利得返還請求

特許権を侵害することによって、本来なら権利者が得るはずの利益を侵害者が得て
いることになる。そのため、侵害された利益につき不当利得として返還を請求するこ
とができる（民703条、704条）。

(4)信用回復措置請求

権利者は、損害賠償請求に代え、またはそれとともに、信用回復措置請求をするこ
とができる（特許106条）。これには、謝罪広告の掲載を請求することなどが含まれる。

⑸特許権侵害罪

　⑴から⑷までは民事上の請求であるが、そのほかに刑事罰の規定も設けられている。特許権などを侵害した者は、10年以下の懲役もしくは1000万円以下の罰金に処せられ、または併科される（196条）。また、法人やその代表者らに対しては、3億円以下の罰金刑が科せられる（201条1項1号）。

【6】 相手方の対抗手段

　以上では、もっぱら権利者側の救済を考えてきた。では逆に、相手方としては、どのような対抗手段があるだろうか。

　この点について、警告書を受けた段階で、権利者の技術と自己の技術が異なっていることや、69条所定の特許発明の及ばない場合にあたること、更には当該特許権が無効事由の存在により本来登録拒絶をされるべきものであること等を主張することが考えられよう。しかし、当事者間で納得のいく解決ができない場合は、以下のように、訴訟において自己の主張の正当性を争うことになる。

⑴非侵害の主張

　まず、自己の技術製品と特許発明との差異を指摘して、自己の製品は特許発明の技術的範囲に含まれないと主張することが考えられる。69条1項による非侵害の主張をすることも考えられる。ここでは、均等論によって侵害にならないかにも注意する必要がある。

⑵抗弁の主張

⒜104条の3の抗弁

　権利者の特許権には無効事由があるとして、権利行使制限の抗弁（104条の3第1項）を主張することも考えられる。無効事由は、無効審決等で確定しているものにかぎられない。

　特許権者のクレームに一部公知技術（無効部分）が含まれるとして、侵害訴訟を提起された侵害者が権利行使制限の抗弁（104条の3第1項）を提出した場合、特許権者は無効部分を除外するために訂正の再抗弁を主張することが可能である。

　この再抗弁を主張するに際し、実際に訂正（審判）請求を行う必要があるかについては争いがある。

　裁判例は、原則として、実際に適法な訂正請求または訂正審判請求がなされることが必要であるが、特許権者が訂正請求等を行おうとしても、それが法律上困難である場合には、公平の観点から、その事情を個別に考察して、訂正請求等の要否を決すべきであるとしている（〈共焦点分光分析事件〉知財高判平成26年9月17日判時2247号103頁〔特許百選18事件〕）。こ

の訂正請求等が法律上禁止されている例として、審決取消訴訟提起後などがあげられる。

(b)先使用権の抗弁(79条)

相手方が特許権者の特許出願前から製品を製造していたような場合には、先使用権の抗弁(79条)を主張することが考えられる。

先使用権とは、先願主義のもとで公平の観点から認められる無償の通常実施権(実施権については 6 【2】参照)であり、特許権者の特許出願前から、発明の実施である事業あるいは事業の準備をしている者に対して認められる。79条の「事業の準備」の意義、および「実施又は準備をしている発明……の範囲」の意義については、ウォーキングビーム式加熱炉事件(最判昭和61年10月3日民集40巻6号1068頁〔特許百選27事件〕)が重要である。

先使用権の抗弁は、司法試験頻出である。判例もあわせておさえておきたい。

★重要判例〈ウォーキングビーム式加熱炉事件〉(最判昭和61年10月3日民集40巻6号1068頁〔特許百選27事件〕)

X社の「動桁炉」という名称の特許発明に対し、X社の出願前にA社の依頼を受けて電動式ウォーキングビーム加熱炉の見積仕様書・設計図を作成し、A社に提出するとともに説明に赴くなどしていたY社に先使用権が成立するかが争われた事案である。

最高裁は、まずY社の行為が「事業の準備」にあたるかにつき、特許法「79条にいう発明の実施である『事業の準備』とは、特許出願に係る発明の内容を知らないでこれと同じ内容の発明をした者又はこの者から知得した者が、その発明につき、いまだ事業の実施の段階には至らないものの、即時実施の意図を有しており、かつ、その即時実施の意図が客観的に認識される態様、程度において表明されていることを意味すると解するのが相当である」としたうえで、これを肯定した。

次に、X社製品とY社製品の細部の実施形式が異なるにもかかわらず先使用権が成立するかにつき、「特許法79条所定のいわゆる先使用権者は、『その実施又は準備をしている発明及び事業の目的の範囲内において』特許権につき通常実施権を有するものとされるが、ここにいう『実施又は準備をしている発明の範囲』とは、特許発明の特許出願の際……に先使用権者が現に日本国内において実施又は準備をしていた実施形式に限定されるものではなく、その実施形式に具現されている技術的思想すなわち発明の範囲をいうものであり、したがって、先使用権の効力は、特許出願の際……に先使用権者が現に実施又は準備をしていた実施形式だけでなく、これに具現された発明と同一性を失わない範囲内において変更した実施形式にも及ぶものと解するのが相当である」と述べ、先使用権の成立を認めた。

(c)消滅時効その他の抗弁

特許権者が損害賠償を請求している場合、不法行為に基づく損害賠償請求権の3年または20年の消滅時効を主張しうる(民724条)。その他、消尽の主張なども考えられる。

⑶損害賠償請求権・差止請求権不存在確認請求訴訟の提起

　さらに、相手方の側から積極的に、損害賠償請求権不存在の確認請求訴訟や、差止請求権不存在の確認請求訴訟を提起することも考えられる。

⑷特許無効審判の請求

　また、侵害訴訟とは別に、特許庁に対し特許無効審判を請求することもできる。争いの内容が特許権の技術的範囲など専門的・技術的事項に及ぶ場合には、特許庁の審理判断を仰ぐことが有効であるといえよう。

⑸再審の訴え等における主張の制限

　特許無効審決および訂正認容審決は遡及効を有する（特許125条、134条の２第９項前段・128条参照）。しかし、侵害訴訟等の当事者は、権利行使制限の抗弁（104条の３）および訂正の再抗弁により特許の有効性やその範囲について相互に攻撃防御を尽くす機会を十分に与えられている。それにもかかわらず、再審（民訴338条１項８号）により争うことを認めることは実質的に紛争の蒸し返しであり、特許権者の特許権の安定や侵害訴訟等の紛争解決機能を害することになり妥当でない。そこで、侵害訴訟等の当事者であった者は、当該侵害訴訟等の判決確定後に特許を無効とすべき審決が確定したことを再審において主張することができないとすることで、再審を制限することとされている（特許104条の４第１号）。

　たとえば、特許権侵害を理由とする損害賠償請求訴訟において、原告である特許権者の請求が認容され、判決が確定し、被告が原告に対して損害賠償金を支払ったとしよう。この後、当該特許について、特許無効審決が確定したとする。このような場合であっても、特許の無効を再審事由として、被告は原告に対して、一度支払った損害賠償金の返還を求めることはできないのである。

5 消滅

　特許権は、原則として出願の日から20年で消滅する（67条）。その他の消滅・失効原因としては、特許料の不納（112条４項）、特許無効審決の確定（125条）、独占禁止法による特許取消し（独禁100条）、相続人の不存在（特許76条）、特許権の放棄（97条）があげられる。特許無効審決が確定すると、原則として特許権ははじめから存在しなかったものとみなされる（125条本文）。

　これまで説明してきた出願から消滅までのおおよその流れを整理すると図１−18のようになる。

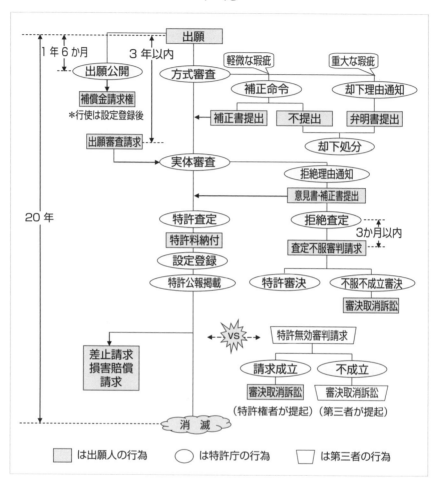

6 特許権の経済的利用

[設例]

　街の発明家であるAは、これまでにいくつかの特許を受けている。しかし、A

は特許を実施するための製造設備も販売ルートも有していない。どうにかして特許権を活用して収益を得る方法はないだろうか。

特許を取得した場合、特許権者がそれを利用できることはもちろんである。しかしそのほかに、その特許権を他人に譲渡して対価を得たり、実施権(ライセンス)を与えて実施料を得ることで、収益をあげることもできる。

【1】 特許権の移転

特許権も財産権であるから、他の財産権と同様、他人に移転することができる。明文はないが、当然のことと解されている。権利関係の明確化と取引の安全を図る見地から、登録が効力発生要件である(98条1項1号)。このほか、特許権は、質権や譲渡担保権といった担保権の目的ともなる。そのため、特許権の譲渡を受けるときには、特許庁で登録原簿の謄本をとって、譲渡人が権利者であるか、質権の設定がないか、といった点を確認する必要がある。

【2】 実施権

いわば特許権の賃貸である。特許権者(ライセンサー)が貸主となって、借主となる実施権者(ライセンシー)から賃料(実施料＝ロイヤルティ)をとることになる。専用実施権と通常実施権の2つがある。

1-19

⑴専用実施権

専用実施権は、他人に発明の実施を独占させるものである(77条)。設定の範囲内では、特許権者も特許を実施できなくなるという排他的な性質をもつ。当該特許権の全範囲に設定することも、一部に制限して設定することも可能である。影響力の大きい権利であるため、設定したことを登録しなければ、効力は生じない(98条1項2号)。つまり、登録が効力発生要件である。専用実施権が設定されると、実施権者は差止請

求(100条)や損害賠償請求をすることも可能であり、特許権者とほとんど変わらない地位を得る。一定の場合には、専用実施権を譲渡したり、サブライセンスをすることも可能である(77条3項、4項)。

(2)通常実施権

(a)概要

通常実施権は、単にライセンシーに実施権を許可するものである(78条)。排他性はなく、同一の発明について、ライセンサーがみずから実施することも、複数のライセンシーに通常実施権を許諾することも可能である(もちろん、設定契約で、ほかには実施権を許諾しないと定めることもできる)。専用実施権の場合と異なり、原則として差止請求権や損害賠償請求権は特許権者のもとに残る。なお、通常実施権の設定契約の際に他人に実施権を付与しない旨の特約が付与されたものを独占的通常実施権といい、独占的通常実施権のうち特許権者も実施しない旨の特約があるものを完全独占的通常実施権という。完全独占的通常実施権の独占性は、専用実施権のそれに近いものとなる。もっとも、完全独占的通常実施権には、侵害者に対する差止請求や損害賠償請求は当然には認められない(表1−20参照)。

設定登録が必要な専用実施権とは異なり、当事者間の契約により通常実施権は効力が生じる(許諾実施権)が、契約がなくとも法律上当然に通常実施権の発生する場合がある(法定実施権)。たとえば、職務発明において使用者が有する実施権(35条)や、特許権者が特許を出願する前からすでに発明を実施していた者が有する先使用権(79条)がこれにあたる。さらに、公益上必要な場合等に、特許庁長官の裁定によって通常実施権が発生する場合もある(83条、92条、93条、裁定実施権)。

許諾実施権、法定実施権および裁定実施権はいずれも登録の有無にかかわらず、新たに特許権を譲り受けた第三者等に対抗できる(99条)。これを当然対抗制度という。つまり、通常実施権の存在が証明されれば当然に対抗可能ということである。

(b)差止請求や損害賠償請求の可否

通常実施権者は、差止請求や損害賠償請求をすることができるか。非独占的通常実施権者は、両請求ともに認められないという結論におおむね異論はないが、独占的通常実施権者に認められるか否かは争いがある。

まず、差止請求について、裁判例は、独占的通常実施権者に固有の差止請求権は認めていないといえる(〈ヘアーブラシ意匠事件〉大阪地判昭和59年12月20日無体裁集16巻3号803頁〔特許百選102事件〕)。特許権者の有する差止請求を代位行使できるかについて、旧法下の裁判例ではあるものの、これを認めたものもある。また、特許権者に侵害排除義務が特約で課されている場合にのみ代位を認めるという学説も有力である。

次に、損害賠償請求について、学説には、特許法では専用実施権が用意されている以上、通常実施権にすぎない独占的通常実施権にこれを認める必要性はないとするものもあるが、裁判例には、独占的通常実施権者に固有の損害賠償請求権を認めたものもある（〈ヘアーブラシ意匠事件〉）。

(c) 契約関係の承継の有無

　ライセンス契約においては、通常実施権の許諾だけでなく、多様な付随的権利関係をも含めて、ライセンス契約上の地位が形成される。このような場合、特許権の移転があったときに、当該ライセンス契約上の地位および権利関係についても、特許権の譲受人（新特許権者）と通常実施権者（ライセンシー）の間に承継されるかについては学説が分かれている。

　当然に承継されるとする立場は、民法の不動産賃貸者に関する通説に依拠するものであり、ライセンス料も新特許権者に支払うものとする。

1－20

	専用実施権	独占的通常実施権	非独占通常実施権
①ライセンサーによる利用	原則として不可	契約の定めによる（完全独占的通常実施権の場合は、不可）	可　能
②ライセンサーが特許権を譲渡した場合、譲受人への対抗	譲受人に対抗可（登録されている）	譲受人に対抗可（99条）	譲受人に対抗可（99条）
③侵害者への差止請求	可　能	原則として不可（債権者代位による行使を認めた旧法下の裁判例あり）	不　可
④侵害者への損害賠償請求	可　能	独占権の侵害を理由として認められる余地あり（判例）	不　可
⑤ライセンシーによる譲渡	77条3項[*1]	94条1項[*1]	94条1項[*1]
⑥サブライセンス	特許権者の承諾を得た場合にかぎり、可能（77条4項）	規定なし[*2]	規定なし[*2]

＊1　実施の事業とともにする場合、特許権者の承諾を得た場合および相続その他の一般承継の場合にかぎり、可能
＊2　特許法に規定がない以上、サブライセンスは認められないとする学説もあるが、現実にはサブライセンス契約は行われているし、これを認めるのが通説であるといえる

これに対し、旧特許権者とライセンシー間の契約関係は、実施許諾やライセンス料の支払にかぎられず、ノウハウの提供、クロスライセンス等さまざまであるから、当然には承継されないとする立場もある。この立場では、当事者間に承継に関する契約等がなければ、ライセンス料はなお旧特許権者に支払われるとされる。

(d)通常実施権の移転および対抗要件

通常実施権を移転するには、原則として特許権者の同意が必要であるが(専用実施権者も存在する場合、その同意も必要)、相続による移転や事業の移転とともにする移転であれば、同意なくして移転可能である(94条1項)。

また、通常実施権の移転等の対抗要件は民法467条によることとなる。

(3)仮専用実施権・仮通常実施権(仮実施権)

実施権は、特許権の設定登録後に、設定することができる権利である。したがって、設定登録前には、実施権は設定できず、特許を受ける権利を有する者としては、経済的利用が図れないことになってしまう。そこで、仮実施権という制度が認められている(34条の2、34条の3)。特許を受ける権利を有する者は、特許の出願段階で、仮実施権を設定することができる(34条の2第1項、34条の3第1項)。仮実施権の許諾を受けた者は、実施権の許諾を受けた場合と同じように、特許権の実施が可能となる。特許権が設定登録されると、仮実施権の設定は、実施権の設定とみなされることになる(34条の2第2項、34条の3第2項)。仮実施権にも、仮専用実施権と仮通常実施権の2種類がある。

(4)設例の検討

以上からすれば、設例のAも、他人に実施権を許諾することで収益を得ることができる。実施料がいくらになるかは、当事者間の交渉によって決せられるのでケース・バイ・ケースだが、たとえば、製品1個あたりの額を決めるランニング・ロイヤルティであれば、製品価格の数%程度であることが多いようである。また、個人で発明をしているAとしては、将来的にもみずから特許権を実施するつもりがないならば、特許権の譲渡をしてしまうのも一方法といえよう。

なお、設例と異なり、特許権を有しているのが企業である場合には、みずからの権利を失ってしまう特許権の譲渡をするよりも、実施権設定の方法を選択することが多いようである。

実施料の算定

現実には実施料(ロイヤルティ)はどのように算定されるのだろうか。

これについては、残念ながら簡単にいくらということはできない。そもそも個々の特許の経

済的価値は一様でなく、ほとんど無価値な特許も少なくないといわれている。また、実施権の多くが契約によって成立することから、当事者間の力関係なども影響する。支払方法としては、契約時に一定金額を支払う方式や、製品1個あたり○×円、販売価格の○×%（実際には数%程度ということが多いようである）といういわゆるランニング・ロイヤルティの方式、両者の併用をする方式などが一般的といえよう。また、専用実施権においては、ライセンシーの儲けにかかわらず少なくとも一定額を支払う（ミニマム・ロイヤルティ）という約定も見受けられる。

7 特許情報

【1】特許情報を得ることの必要性

　ある発明が生みだされるまでには、コストと時間がかかる。そのため、特許を受けようとしていた発明と同じものがすでに他人により特許出願されていた場合、それまでの努力は無駄となってしまう。また、発明を生みだしたり、発展させたりするためには、どのような特許が存在しているのかを知る必要がある。このような理由から、特許情報は発明を促し産業の発展という特許権の目的のために不可欠であり、だれもが見られるよう公開されることが必要といえる。

【2】特許情報にはどのようなものがあるか

　特許情報には、主なものとして、特許庁の発行する公開特許公報、特許公報がある。

　このうち、公開特許公報は、すべての出願について、出願から1年6か月後に特許庁が発行するもので、明細書・図面・要約書などの内容を掲載したものである。後述の特許公報と比べると、すべての出願が掲載されるため内容が玉石混交である点に難があるものの、速報性という点では優れている。ここに掲載された発明は、特許登録前でも補償金請求権の対象となることがあるため、注意する必要がある。

　他方、特許公報は、特許登録がなされたものについての情報を載せたもので、権利情報としての性格を有している。権利侵害の警告を受けたときにその警告が妥当か否か判断する場面や、他者の特許権についてライセンスを得ようとする場面で必須の情報となる。

　なお、このほかにも、公開特許公報を要約した公開特許出願抄録、公開特許公報の英訳抄録である公開特許英文抄録等の情報がある。

【3】 特許情報を得るには

独立行政法人工業所有権情報・研修館で、国内外の各種公報類を閲覧することができる。そのほか、各都道府県に設けられている知的所有権センターや各都道府県の発明協会などでも特許情報を提供している。

現在では、特許情報プラットフォーム（J-PlatPat）が、無料で特許情報を提供している。ここでは、公開特許公報、特許公報等について、特許の番号や技術内容に応じた特許分類等による検索ができる。また、特許庁のウェブサイトでは、工業所有権に関する各種統計や手続に必要な料金の一覧等の情報も得ることができる。

8 特許法のまとめ

［設例］

医薬品会社甲社の社員Aは、体内のコロナウイルスを完全に死滅させる薬αを発明した。Aは、薬αについて特許を受けることができるか。特許を受けるためには、どのような要件をみたす必要があるだろうか。

なお、「医薬品、医療機器等の品質、有効性及び安全性の確保等に関する法律」（いわゆる薬機法）所定の問題は考慮しないこととする。

【1】 特許を受けるための要件(2)
⑴特許法上の「発明」

薬αは、「発明」（2条1項）にあたるか。主に自然法則を利用しているかが問題となろう。「自然法則を利用した」（2条1項）といえるには、反復可能性が必要である。そして、植物の新品種を育種し増殖する方法についての反復可能性については、その特性にかんがみ、科学的にその植物を再現することが、当業者において可能であれば足りるのである（黄桃育種法特許に関する事件）。本設例において、ウイルスを完全に死滅できる確率が20％程度であったら、どうだろうか。この場合も、薬αの特性を考慮していくことになるであろう。ウイルスの性質上、これ以上の確率の向上は望めないなどの事情があれば、この程度でも、反復可能性が認められる可能性は高い。

⑵産業上利用しうること(産業上の利用可能性)

薬αは、医療産業の発展につながるといえる。したがって、産業上の利用可能性

(29条1項柱書)が認められるであろう。なお、医薬品それ自体は、人を手術、治療、診断する方法ではないから、医療行為として、産業上の利用可能性が否定されることはない。

⑶新しいこと（新規性）

新規性(29条1項各号)は認められるか。Aが、薬αを病院などに譲渡していた場合には、「公然実施」(29条1項2号)となってしまい、新規性を喪失するから、新規性喪失の例外(30条)によることになろう。

⑷容易に考え出すことができないものであること（進歩性）

進歩性(29条2項)については、当業者が、Aの特許出願当時の技術水準からして薬αを容易に考えつくことができるのかという点から考えられる。当業者が、容易に考えだすことができないものであれば、進歩性が認められる。

⑸先願であること

Aが特許出願する日以前に、A以外の何者かが薬αについて特許出願していた場合、Aの出願は後願となってしまい、Aは特許を受けることができない(39条1項)。

【2】登録手続(③)

ここでは、職務発明(35条)が問題となろう。Aの甲社での地位、職種、職務上の経験や、甲社がその発明完成過程に関与した程度等の事情を検討していくことになる。Aが研究リーダーであり、技術開発が甲社から期待される地位にあり、もっぱら開発のための研究に従事し、甲社が当該開発研究のために、施設、資材等の研究費用を大量に提供していれば、職務発明に該当する方向にはたらく。もし、職務発明に該当し、甲社の勤務規則に職務発明については、甲社に特許を受ける権利が帰属すると規定されていた場合には、特許を受ける権利を有するのは、Aではなく、甲社である。Aが特許出願しても、冒認出願となってしまい、Aは特許を受けることはできない。

［設例］

　Aは、薬αについて特許権を受けることができた。薬αは、P、Q、Rの3つの構成要件からなるものである。CはAから薬αの譲渡を受けたものであるが、Aに無断で、これを第三者に再譲渡した。Dは、薬αの効果に疑いをもっており、Aに無断で、特許要件の検討のために薬αを生産して、薬αの成分について調査している。Eは、Aに無断で、構成要件P、Q、Sからなり、体内のコロナウイルスを完全に死滅させる薬βを製造、販売している。C、D、Eは、Aの特許権を侵

害しているといえるだろうか。特許権の効力が及ぶ範囲やその効力の制限、特許権侵害の種類にはどのようなものがあるだろうか。

　なお、「医薬品、医療機器等の品質、有効性及び安全性の確保等に関する法律」（いわゆる薬機法）所定の問題は考慮しないこととする。

【3】特許権の効力（④）

⑴特許権の効力の及ぶ範囲

　Aは、特許発明の実施をする権利を専有することになる（68条本文）。薬αは物の発明であるから、「実施」とは、その物の生産、使用、譲渡等（譲渡および貸渡しをいい、その物がプログラム等である場合には、電気通信回線を通じた提供を含む）、輸出もしくは輸入または譲渡等の申出（譲渡等のための展示を含む）をする行為をいう（2条3項1号）。

⑵消尽

　Cは、薬αを第三者に譲渡したのであるから、Aの特許発明を「実施」したといえる。よって、Aの特許権を侵害しているといえそうである。しかし、AはCに一度薬αを譲渡しているから、特許権は消尽し、特許権の効力は及ばない。したがって、Cは、Aの特許権を侵害していない。

⑶試験・研究のための実施

　Dもまた、薬αを生産しているから、Aの特許発明を「実施」している。したがって、Aの特許権を侵害しているといえそうである。しかし、Dは薬αが特許要件をみたしているか、調査するために特許発明を実施している。かりに、薬αが特許要件をみたしていないということになれば、無効の特許となり、薬αは何人でも自由に実施できるようになる。そうなれば、医薬品について新たな技術がうまれる可能性もある。よって、Dの実施行為は、試験・研究のための実施行為（69条1項）といえ、Aの特許権は及ばない。したがって、Dは、Aの特許権を侵害していない。

⑷特許権侵害

　Eが製造・販売する薬βは構成要件をP、Q、Sとするもので、薬αの構成要件P、Q、Rとは、一部が異なるから、文言侵害とはならない。

　しかし、薬βの構成要件が薬αと実質的に同一と評価される場合には、均等侵害となる。具体的には、均等侵害の5要件をみたすのかを検討することになる。本設例では、構成要件Rを構成要件Sに置き換えても、特許発明の目的を達成することができ、同一の作用効果を奏するか、構成要件S部分や構成要件R部分が特許発明の本質的部分ではないか、置き換えることに、当業者が、薬β製造時において容易に想到

できたか、薬βが、薬αの特許出願時における公知技術と同一か、または当業者が公知技術から容易に推考することができたか、薬βが薬αの特許出願手続において特許請求の範囲から意識的に除外されたものにあたるなどの特段の事情はないかなどを検討していくことになる。均等侵害が認められる場合には、Eが、薬βを製造・販売する行為は、Aの特許権を侵害していることになる。

9 実用新案法

特許法上の「発明」にあたるほど技術的に高度のものではないものの、日用品などに若干の工夫を加えることで、新たなものが生みだされることはよくみられる。このような小発明(考案という)を保護する法律が、実用新案法である。同法は、こうした考案を保護して奨励することで、産業の発展に寄与することを目的としている(1条)。

実用新案登録を受けるためには、特許におけるのと類似した要件をみたす必要がある(3条、4条、7条)。登録手続における実用新案法と特許法の最大の違いは、実用新案は無審査で登録されるという点にある(無審査主義)。無審査主義といっても何の審査もないというわけではない。出願手続が法律の定めに沿っているかという方式審査や登録の基礎的要件についての審査は行われる(2条の2第4項、6条の2参照)。これらの方式や基礎的要件に不備がある場合、特許庁長官は補正を命ずることができる。指定期間内に補正がされなければ、出願を却下することができる(2条の3)。

実用新案権は、設定登録により発生し(14条)、権利の存続期間は、特許法と異なり、出願の日から10年である(15条)。登録料は31条に規定されている。

登録要件がないにもかかわらず登録された実用新案に対しては、特許権と同様に、第三者は実用新案登録無効審判を請求することができる(37条)。

1−21　実用新案登録を受けるための要件

①実用新案法の「考案」にあたること	④進歩性
②産業上の利用可能性	⑤先願であること(先願主義)
③新規性	⑥公益に反しないこと

1−22　基礎的要件

①考案が物品の形状、構造または組合せにかかるものであること(「考案」にあたること)
②公益に反しないこと
③書類が所定の形式で記載されていること

実用新案権者は、特許権者と同じように、業として登録実用新案の実施をする権利を専有する(16条)。実用新案の実施とは、考案にかかる物品を製造し、使用し、譲渡し、貸し渡し、輸出し、もしくは輸入し、またはその譲渡もしくは貸渡しの申出(譲渡または貸渡しのための展示を含む)をする行為をいう(2条3項)。

　侵害に対する救済手段としては、差止請求(27条1項)、損害賠償請求(民709条)があげられる。損害額の推定については特許法と同趣旨の規定がある(実用新案29条)。また、信用回復措置等については、特許法104条の2から106条までが準用されている(実用新案30条)。しかし、侵害者の過失を推定する特許法103条は準用されていない。これは、無審査で登録される実用新案については、相手方に登録された権利の有効性まで調査義務を負わせるべきではないとの考慮によるものである。そのほかには、民法703条、704条に基づく不当利得返還請求も可能である。権利侵害や詐欺行為については、刑事罰も規定されている(実用新案56条以下)。

　実用新案権は無審査で登録されるため、登録要件をみたさない権利行使により、第三者が不当な損害を被るおそれがある。そこで、実用新案権者の権利行使に際しては、一定の歯止めがされている。一例として、実用新案における権利侵害に対して、なんらかの救済を受ける場合には、まず、実用新案技術評価書を提示して、相手方に警告しなければならないことになっている(29条の2)。

　実用新案権も、特許権と同様に、権利の移転や実施権の設定といった方法で経済的な利用をすることができる。

　実用新案に関する情報についても、特許の場合と同じく各種公報類がある。主なものとしては、(登録)実用新案公報、公開実用新案公報があげられる。

第2章

著作権法

1 著作権法の意義

　文化を発展させ、また、文化の発展を促すためには、なるべく多くの人々が創作物を共有し、広く利用していく必要がある。一方で、創作物を生みだしたとしても、他人が無断で利用し、利益を生みだすことが許されてしまえば、創作者の創作意欲を減退させることになりかねない。そこで、創作者に自分の創作物に対する独占的な支配権を与え、他人が勝手に複製することなどを禁止することにより、文化の発展に寄与することを目的として制定された法律が、著作権法である。

　著作権法が文化の発展を目的としているのに対し（1条）、工業所有権法は産業の発達を目的としている（特許1条、商標1条等）。その結果、工業所有権法が競業的な色彩が強く、主として物質文化の発展に寄与するものとなっているのに対して、著作権法は著作者の人格的な利益を保護し、主として文化の発展に寄与するものになっているという特色がある。また、保護の対象として、工業所有権が主としてアイディアを対象としているのに対して、著作権は表現そのものを対象としている、という点にも特徴がある。

2 著作物

【1】著作物とは
⑴著作物の要件

> ［設例］
> 　次のものは著作権法上の「著作物」にあたるか。

ア 東京の12か月の平均気温等のデータ
イ 俳句や短歌
ウ 「そうだ京都、行こう」という類のキャッチフレーズ
エ 死亡記事

　著作権法による保護を受けるためには、創作した物が著作権法に規定されている「著作物」であるといえなければならない。裏を返せば、(保護期間の問題はあるが)「著作物」と認められるかぎり、著作権者がどこかに存在し、その著作物を適法に利用するためには、原則として著作権者の許諾が必要となるという保護が与えられる。

　著作権法上の「著作物」とは、「思想又は感情を創作的に表現したものであって、文芸、学術、美術又は音楽の範囲に属するものをいう」と規定されている(著作2条1項1号)。したがって、著作物として認められるためには、以下の3つの要件をみたす必要がある。

2－1　著作物の要件

> ①思想または感情の表現であること
> ②表現に創作性があること
> ③文芸、学術、美術または音楽の範囲に属するものであること

⑵思想または感情の表現であること

　第1の要件の、思想または感情の表現であることとは、著作物として認められるためには、それが人々の知的・精神的活動の表現でなければならないという意味である。したがって、単なるデータや過去の歴史的事実(794年に平安京に遷都した等)の記載、ありふれたレストランのメニュー等は、思想または感情の表現とはいえず、「著作物」にはあたらない。

　また、著作物とは「表現」したものでなければならないが、これは単に頭のなかにあるというだけでは足りず、外部的に表現され、人の五感をもって感知しうる程度に具体的なものとなっている必要があるということを意味している。もっとも、著作権法では表現物がなんらかの物(媒体)に固定されていることまでは要求されていない。たとえば、即興曲は、録音や楽譜のかたちにされていなくても、著作物となる。

⑶表現に創作性があること

　第2の要件の、表現に創作性があることとは、著作物として認められるためには、表現に作成者の個性が現れ、創作性を有していることが必要であるという意味である。したがって、他人の作品の単なる模倣や盗用では、「著作物」とはいえない。また、模

倣や盗用でなくても、表現行為の性質上不可避的な表現や、表現の選択の幅が小さく、だれがやっても同じような表現になってしまう場合には、その表現に作者の個性が現れているとはいえず、創作性が否定される（〈古文単語語呂合わせ事件〉東京地判平成11年1月29日判時1680号119頁、〈ラストメッセージin最終号事件〉東京地判平成7年12月18日知的裁集27巻4号787頁〔著作権百選27事件〕、〈ライブドア裁判傍聴記事件〉知財高判平成20年7月17日判時2011号137頁〔著作権百選3事件〕）。

　しかし、著作物は、先人の文化的遺産を土台とし、これに新たな知見や自己のアイディアを加えて完成させる場合がほとんどであり、著作者の独創力のみで作られている場合はほとんどないといえる。そのため、表現が他に類をみないほど独創的なものであるとか、高度な芸術性があるものである必要はなく、著作者の個性がなんらかのかたちで現れていれば、それでよいとされる（〈当落予想表事件〉東京高判昭和62年2月19日無体裁集19巻1号30頁など）。したがって、たとえば幼稚園児が描いた絵にも、著作物性が認められることになる。

　表現の創作性を判断するにあたって重要なのは、アイディアと表現を区別することである。つまり、著作権法で保護されるのは、あくまでも創作的な表現であって、表現のもととなる思想やアイディアは、たとえ独創性があるものであっても、著作権法上の保護を受けることはない。たとえば、科学的命題の解明過程など、学問上の思想、アイディアは著作物にあたらず、著作権の保護の対象とならないことを示した裁判例がある（〈数学論文野川グループ事件〉大阪高判平成6年2月25日判時1500号180頁）。

2-2

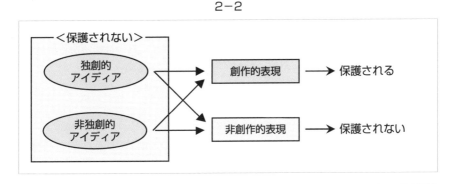

たまたま同じものができてしまった場合はどうなる？

　著作権法においては、作成者の個性が現れていれば創作性が認められるのであるから、偶然他人と同じような表現物を創作した場合にも、創作性が否定されることはない。つまり、ある人が表現物を作った際に、別の人が偶然同じような表現物を作ったような場合にも、創作性が

認められるのである。これは、客観的な新規性・進歩性を要求する特許法とは大きく異なる点である。

⑷文芸、学術、美術または音楽の範囲に属するものであること

　第3の要件の文芸、学術、美術または音楽の範囲に属するものであることとは、これら4分野に限定されるという趣旨ではなく、知的、文化的精神活動全般をさすと解されている。この要件は、たとえば電化製品や自動車に関する発明など、工業所有権による保護の対象となる技術の範囲に属するものを、著作物から除くという機能を果たしている。

　以上の3つの要件をみたしたものが著作物となり、著作権法によって保護されることになる。

2-3

人工知能による創作物の著作物性

　著作権法上、著作物として保護されるためには、以上の3つの要件をみたさなければならない。このうち、第1、第2の要件については、いずれも、人間によることが想定されている。人工知能生成物について、表現に創作性があったとしても、それは人間が作成したものではなく、また、人間の思想または感情が現れているものでもない。そのため、現行法上、人工知能生成物に著作物性を認めることは難しいと解されている。

　一方、現代においては、人工知能に関する技術の発展はめざましい。たとえば、自動で作詞や作曲をしてくれるサービスや、写真を絵のかたちに自動生成してくれるサービスなど、人間が主体であれば著作物となりうる創作物を簡単に生みだせるようになっている。このような状況下では、将来にわたって、人工知能生成物に権利を与えるべきか否かが重要な問題となってくるだろう。時代に適応した立法による解決が期待されるところである。

⑸著作物の例示

　具体的にどのようなものが著作物として保護されるのであろうか。著作権法は、著作物の例示として、9つのカテゴリーをあげているため、以下ではそれらについて詳述する（10条1項）。なお、これらはあくまでも例示にすぎず、著作物として著作権法の保護を受けるためには、先に述べた3つの要件を充足している必要があることに注意したい。

⒜小説、脚本、論文、講演その他の言語の著作物（1号）

　条文上は小説、脚本、論文、講演などが列挙されているが、これらにかぎらず、言語体系によって表現される著作物を広く含む。文書のかたちをとっている表現物のほ

伊藤真ファーストトラックシリーズ

法律学習のスタート地点に立つ読者に贈る、伊藤真の入門書シリーズ、全巻完結!

初学者にとっての躓きの石を取り除いてくれる一気読みできる新シリーズ。わかりやすく、中味が濃い授業をユーモアで包むと、Fast Track(特別の早道)になりました。圧縮された学習量、適切なメリハリ、具体例による親しみやすい解説で、誰もが楽しめる法律の世界へLet's Start!

- ●法律学習の第一歩として最適の入門書
- ●面白く、わかりやすく、コンパクト
- ●必要不可欠な基本事項のみを厳選して解説
- ●特に重要なテーマについては、具体的な事実関係をもとにしたCaseとその解答となるAnswerで、法律を身近に感じながら学習
- ●判例・通説に基づいたすっきりした説明
- ●図表とイラスト、2色刷のビジュアルな紙面
- ●側注を活用し、重要条文の要約、判例、用語説明、リファレンスを表示
- ●メリハリを効かせて学習効果をあげるためのランク表示
- ●もっと先に進みたい人のためのプラスα文献
- ●知識の確認や国家試験等の出題傾向を体感するためのExercise
- ●時事的な問題や学習上のコツを扱うTopics

1　**憲法**　1800円
2　**民法**［第2版］　2000円
3　**刑法**　1800円
4　**商法**［第2版］　1900円
5　**民事訴訟法**［第2版］　1900円
6　**刑事訴訟法**［第2版］　1900円
7　**行政法**　1900円

伊藤真試験対策講座 全15巻

論点ブロックカード・フローチャートなど司法試験受験界を一新する勉強法を次々と考案、導入した伊藤真による、「シケタイ」の愛称で多くの全国の受験生・法学部生・法科大学院生に支持されている、本格的な書き下ろしテキスト。最新の法改正にも対応。

- ●論点ブロックカードで、答案の書き方が学べる。
- ●図表・フローチャート・2色刷によるビジュアル化。
- ●試験に必要な重要論点をすべて網羅し、さらに論点の重要度をランク付け。
- ●多数の重要判例の判旨、争点、結論をコンパクトに整理。
- ●イメージをつかむための具体例は、講義の実況中継風。
- ●司法試験をはじめ法科大学院入試・司法書士・公務員・公認会計士試験、さらに学部期末試験対策にも最適。

1 スタートアップ民法・民法総則	3700円	9 会社法 [第3版] 4000円
2 物権法 [第4版]	2800円	10 刑事訴訟法 [第5版] 4200円
3 債権総論 [第4版]	3400円	11 民事訴訟法 [第3版] 3900円
4 債権各論 [第4版]	4400円	12 親族・相続 [第4版] 3500円
5 憲法 [第3版]	4200円	13 行政法 [第4版] 3300円
6 刑法総論 [第4版]	4000円	14 労働法 [第4版] 3800円
7 刑法各論 [第5版]	4000円	15 倒産法 [第2版] 3500円
8 商法(総則商行為)・手形法小切手法 [第3版] 4000円		

伊藤塾試験対策問題集　●予備試験論文 ●論文 ●短答

「シケタイ」の実践篇。自習しやすく効率的な勉強をサポート、合格への最短コースを示す。

●予備試験論文
1 刑事実務基礎 2800円　　2 民事実務基礎 [第2版] 3200円
3 民事訴訟法 [第2版] 2800円　　4 刑事訴訟法 2800円　　5 刑法 2800円
6 民法 [第2版] 2800円　　7 商法 [第2版] 2800円　　8 行政法 2800円
9 憲法 2800円

●論文
1 刑事訴訟法 3200円　　2 刑法 3000円　　4 憲法 3200円
5 民事訴訟法 3200円　　7 行政法 3200円

●短答
1 憲法 2800円　　2 民法 3000円　　3 刑法 2900円　　4 商法 3000円
5 民事訴訟法 3300円

新 伊藤塾試験対策問題集　●論文

すべての記述試験対策に対応。合格答案を書くためのノウ・ハウ満載、底力がつく問題集！

1 民法 2800円	2 商法 2700円	3 民事訴訟法 2900円　＊以降続刊あり

伊藤塾予備試験論文・口述対策シリーズ

伊藤塾◎監修／伊藤塾講師 **山本悠揮**◎著　予備試験科目を短期間で効率よく学ぶための定石がわかるシリーズ。重要度を示すランク付けでメリハリの効いた内容、判例の立場を軸に据えたわかりやすい解説。直前期必携の「要点チェック」シート・「口述試験再現」答案付き。

| 1 | 刑事実務基礎の定石 | 2500円 | ＊以降続刊あり |

伊藤真の全条解説 会社法

平成26年改正法をふまえた会社法の全条文をオールマイティに解説。全ての条文に、制度趣旨、定義、口語訳、論点、関連判例、重要度ランク、過去問番号が入り、さらに引用・読替条文の説明まで付記したオールインワン型の全条文解説書。実務にも受験にも1冊で万全。　6400円

伊藤真の条文シリーズ　全7巻

基本六法を条文ごとにわかりやすく説明する逐条解説シリーズ。条文の口語的な意味・趣旨、重要な語句の意味、解釈上の重要論点、要旨が付いた関連判例を整理した六法代わりの1冊。

| 1 **民法Ⅰ**[総則・物権] 3200円 | 2 **民法Ⅱ**[債権・親族・相続] 3200円 | 4 **商法・手形法小切手法** 2700円 |
| 5 **憲法** 3000円 | 6 **刑法** 3300円 | 7 **民事訴訟法** 2800円 | 8 **刑事訴訟法** 3100円 |

伊藤真の判例シリーズ　全7巻

重要判例の読み方・学び方を、伊藤メソッドを駆使して伝授。論点と結論、事実、判決の流れ、学習のポイント、判決要旨等の順にわかりやすく解説した学習書に徹した判例ガイド。

| 1 **憲法**[第2版] 3800円 | 2 **民法**[第2版] 3500円 | 3 **刑法**[第2版] 3500円 |
| 4 **行政法**[第2版] 3800円 | 5 **刑事訴訟法** 3800円 | 6 **民事訴訟法** 3500円 | 7 **商法** 3500円 |

伊藤真新ステップアップシリーズ　全6巻

法律学習の最重要ポイントをおさえ、基本的な概念や論点をしっかり身につけるシリーズ。

| 1 **憲法** 2000円 | 2 **民法** 2500円 | 3 **刑法** 2300円 | 4 **商法** 2300円 |
| 5 **刑事訴訟法** 2200円 | 6 **民事訴訟法** 2200円 |

伊藤真実務法律基礎講座

実務に役立つ各法律の全体像と基礎知識を短時間でマスターできるコンパクトな入門書。

| 1 **労働法**[第4版] 2400円 | 2 **倒産法**[第2版] 2100円 | 3 **知的財産法**[第5版] 2000円 |
| 4 **国際私法**[第3版] 2200円 | 5 **民事執行法・民事保全法** 2500円 | 6 **経済法** 1900円 |
| 7 **国際公法** 2200円 |

伊藤塾呉明植基礎本シリーズ

伊藤塾講師 **呉 明植**◎著　伊藤塾メソッドで、どこでも通用する盤石な基礎を固めるシリーズ。一貫して判例・通説を採用しポイントをおさえたコンパクトな解説で、夢をかなえるための基礎＝法的常識が身につく。切れ味鋭い講義と同様、必要なことに絞った内容でわかりやすいと、大好評発売中。

- ●各種資格試験対策として必要となる論点をすべて網羅。
- ●つまずきやすいポイントを講義口調で伝授。
- ●書くためのトレーニングができる巻末の論証カード。
- ●接続詞の使い方や論理の運びなど解説そのものが合格答案。
- ●シンプルでわかりやすい解説、図表の多用と2色刷でビジュアルに学べる。

1	刑法総論 [第3版] 2800円	3	刑事訴訟法 [第2版] 3900円	5	物権法・担保物権法 2500円
2	刑法各論 [第3版] 3000円	4	民法総則 [第2版] 3000円	6	憲法 3000円
7	債権総論 2200円	8	債権各論 2400円		

フレーム・コントロールの原点 登記制度の視かた考えかた

伊藤塾◎編　登記制度の問題点を解決することをめざし、諸外国との比較や歴史から学ぶ。登記実務に直接携わらない人とも共有化できる新たな常識を打ち立てるためのテキスト。3000円

司法書士記述式対策 フレーム・コントロール 不動産登記法 —— 申請個数と申請順序の判断テクニック

伊藤塾講師 **蛭町 浩**◎著　司法書士試験の合否を決する連件申請における申請個数と申請順序の判断テクニックが、124の事例を検討することで身につく書式のテキスト兼問題集。「フレーム・コントロール」という画期的な学習法を書式の達人が懇切丁寧に指南。　3800円

司法書士記述式対策 フレーム・コントロール 商業登記法 —— 暫定答案の作成法と複数登記の処理技術

伊藤塾講師 **蛭町 浩**◎著　一括申請における白紙答案回避のための暫定答案と複数登記の判断テクニックが、120の事例を検討することで身につく書式のテキスト兼問題集。初学者はもちろん、学習法に行き詰まっている既修者にも強い味方となる1冊。　3500円

認定司法書士への道 [入門編] [理論編] [実践編] 全3巻

伊藤塾◎監修／伊藤塾講師 **蛭町 浩＋坂本龍治**◎著　債権法・相続法の大改正を受け、これまでの『認定司法書士への道』をリニューアル。段階や目的に応じた学習が可能に。

入門編	認定司法書士への第1歩、要件事実修得のための入門書。	2300円
理論編	認定考査の全出題範囲を網羅した必読の体系書。	3600円
実践編	過去問を紛争類型ごとに横断的に整理した問題集。	3800円

弘文堂　〒101-0062 東京都千代田区神田駿河台1-7
TEL 03-3294-4801　FAX 03-3294-7034
http://www.koubundou.co.jp/　◎表示価格は、税抜の本体価格です。

か、大学の講義や落語など、口頭で表現されるものも、言語の著作物に含まれる。

　単なる事実の伝達にすぎない雑報や時事の報道は、著作物としての保護を受けないとされている（10条2項）。しかし、これは、単なる事実の伝達は、思想または感情を創作的に表現したものとはいえないため、著作物にはあたらないということを、注意的に規定したものである。もっとも、通常の新聞記事の多くは、事件や用語の選択、評価、文章上の工夫等に表現者の個性が現れている。したがって、単に事実を伝達するものや、ありふれた表現を用いるものを除き、記事一般には著作物性が認められる（〈ライブドア裁判傍聴記事件〉参照）。

(b)音楽の著作物（2号）

　メロディー、ハーモニー、リズムから構成される楽曲に加え、歌詞も音楽の著作物に含まれる。なお、楽曲と歌詞についてはそれぞれに著作権が成立する。

(c)舞踏または無言劇の著作物（3号）

　バレエやダンスなど、動作によって表現されるものが含まれる。演技それ自体ではなく、これらの振り付けや演技の型が著作物として保護される（〈Shall We ダンス？事件〉東京地判平成24年2月28日判例集未登載参照、〈フラダンス事件〉大阪地判平成30年9月20日判時2416号42頁〔平30重判・知的財産法3事件〕）。

(d)絵画、版画、彫刻その他の美術の著作物（4号）

　絵画、版画、彫刻のほか、書、生け花なども含む。絵画や彫刻などの、美的鑑賞を主な用途として創作される、いわゆる純粋美術については、著作物として保護されることに異論はない。一方で、実用に供される類の美術品である、いわゆる応用美術については、著作物性の判断方法について議論が存在する。応用美術には、壺や茶碗などの、一点ものである美術工芸品や、文房具、椅子、自動車などの量産品のデザインが含まれる。これらのうち、美術工芸品は、著作権法上「美術の著作物」に含まれることから、前述した著作物の要件（2【1】(1)参照）をみたすかぎり、著作物として扱われることは明らかである。一方で、量産品については、その扱いについて著作権法における明文の規定がなく、問題となっている。

　この点について、従前の裁判例は、応用美術に対して通常の美術の著作物とは異なり、高度の美的鑑賞性を要求する傾向にあったが、応用美術についてのみ高度の美的鑑賞性を必要とすることに対しては条文上の根拠がなく、多くの批判が寄せられていた。このような議論を受け、裁判例では、実用目的に必要な構成と分離して、美的鑑賞の対象となる美的特性を備えている部分を把握できるものについては美術の著作物として保護すべきであるとする、分離可能説を採用するものが現れた（〈ファッションショー事件〉知財高判平成26年8月28日判時2238号91頁〔著作権百選6事件〕）。さらに、応

用美術についても広く著作物性を認めるとする非限定説の立場から、純粋美術と同様に、作成者の個性が発揮されていれば著作物性が認められるとする裁判例も存在する（〈TRIPP TRAPP事件〉知財高判平成27年4月14日判時2267号91頁〔著作権百選7事件〕）。TRIPP TRAPP事件は、分離可能性説を否定したとして注目を集めたが、その後の裁判例においては、非限定説を明示的に採用するものはいまだ現れておらず、解釈の統一が待ち望まれている。このような応用美術の著作物性については、司法試験でも出題が多いところであるので注意が必要である。なお、応用美術については、意匠法等に規定する要件をみたせば、著作権法以外の保護を受けうる。この点も判断基準に関する議論に影響するので、十分理解しておく必要がある。

　また、印刷用書体について一定の場合に著作物性を認める判例も存在する（〈ゴナ書体事件〉最判平成12年9月7日民集54巻7号2481頁〔著作権百選9事件〕参照）。

(e) 建築の著作物（5号）

　住宅やビル、橋梁などの構築物一般の外観における表現を保護する。構築物一般は応用美術の一種ともいえることから、建築の著作物に該当するか否かの判断は応用美術の場合に類する（〈グルニエ・ダイン事件〉大阪高判平成16年9月29日判例集未登載〔著作権百選13事件〕）。

(f) 地図または学術的な性質を有する図面、図表、模型その他の図形の著作物（6号）

　地図や設計図、表などの学術的な図形が含まれる。情報の取捨選択や表現方法の点で創作性が認められれば著作物性が肯定されるが、そもそも表現方法としての選択の幅が狭いことから、創作性が否定される場合も多い。

(g) 映画の著作物（7号）

　著作権法上、映画の著作物には、映画の効果に類似する視覚的または視聴覚的効果を生じさせる方法で表現され、かつ、物に固定されている著作物を含むこととされている（2条3項）。劇場用映画や、ゲームソフトなどが保護範囲として含まれる。

(h) 写真の著作物（8号）

　被写体をカメラ等により撮影し、フィルムや印画紙等に表現したものをさす。「写真の製作方法に類似する方法を用いて表現される著作物」（2条4項）が含まれることから、デジタル写真も写真の著作物にあたる。写真を撮影する過程では、カメラ等の機械が介在する場面が多いが、撮影および現像の過程では、作成者の個性を発揮しうるものであるから、広く創作性が認められる。

　被写体の選択に関して、少なくとも被写体に選択の余地がない場合には、選択についての創作性を認めることはできない。一方で、被写体の組合せ・配置、構図、光線、背景などについての工夫は、創作性の根拠となりうると解されている。なお、作成者

の創作性の程度が低い場合でも、著作物性は肯定される（〈スメルゲット事件〉知財高判平成18年3月29日判タ1234号295頁〔著作権百選8事件〕参照）。

(i)プログラムの著作物（9号）

プログラムとは、コンピュータを動かす具体的な指令のことで、通常プログラム言語で記述されているものである。2条1項10号の2では、プログラムとは、「電子計算機を機能させて一の結果を得ることができるようにこれに対する指令を組み合わせたものとして表現したもの」と定義されている。プログラム言語そのものや規約、解法については、著作権法の保護が及ばないとされている（10条3項各号）が、これは、プログラムという表現の背後にあるルールやアイディア等は保護しないということを、注意的に規定したものである。裁判例は、プログラムの著作物であっても、他の著作物と同様に、なんらかの個性が発揮されていれば著作権法上の保護を受けるとする一方で、プログラムの具体的特性に基づいて創作性を判断している（〈電車線設計用プログラム事件〉東京地判平成15年1月31日判時1820号127頁〔著作権百選14事件〕）。

(6)権利の目的とならない著作物

著作権法は、社会公共的な見地から、権利の目的とならない著作物を規定している。いずれも公衆に対して周知徹底されるべき性質のもので、広く開放して利用されるべきものである。これらに該当するものは著作物にはあたらないので、自由な利用が可能となる。

2-4　権利の目的とならない法律、命令および官公文書

①憲法その他の法令
②国もしくは地方公共団体の機関または独立行政法人等が発する告示、訓令、通達その他これらに類するもの
③裁判所の判決、決定、命令および審判ならびに行政庁の裁決および決定で裁判に準ずる手続により行われるもの
④法令や判決等上記①～③に掲げるものの翻訳物および編集物で、国もしくは地方公共団体の機関または独立行政法人等が作成するもの

(7)設例の検討

アの東京の12か月の平均気温等のデータは、2条1項1号にいう「思想又は感情」の表現とはいえず、著作物にはならない。よって、自由に利用することができる。

短い文やフレーズについては、やや難しい問題を含んでいる。まず、イの短歌・俳句については、その1つひとつに創作性が認められ、著作物となるということで異論がない。

一方、ウのキャッチフレーズやスローガンなどは、ありふれた表現として創作性が否定され、著作物ではないとされる場合が多い。裁判例では、「ボク安心　ママの膝

（ひざ）より　チャイルドシート」という交通安全のためのスローガンを作成した原告が、「ママの胸より　チャイルドシート」というスローガンを作成し、交通事故防止キャンペーンのためのテレビCMにおいて使用した被告に対して、著作権侵害を理由に損害賠償の請求をしたという事案において、交通標語には著作物性そのものが認められない場合が多いとしている（〈交通安全スローガン事件〉東京高判平成13年10月30日判時1773号127頁）。

　エの死亡記事は、10条2項にいう「雑報及び時事の報道」にあたり、著作物には該当せず、自由に利用することができる。

> **★重要判例〈交通安全スローガン事件〉**（東京高判平成13年10月30日判時1773号127頁）
>
> 　「交通標語の著作物性の有無あるいはその同一性ないし類似性の範囲を判断するに当たっては、①表現一般について、ごく短いものであったり、ありふれた平凡なものであったりして、著作権法上の保護に値する思想ないし感情の創作的表現がみられないものは、そもそも著作物として保護され得ないものであること、②交通標語は、交通安全に関する主題（テーマ）を盛り込む必要性があり、かつ、交通標語としての簡明さ、分りやすさも求められることから、これを作成するに当たっては、その長さ及び内容において内在的に大きな制約があること、③交通標語は、もともと、なるべく多くの公衆に知られることをその本来の目的として作成されるものであること（原告スローガンは、財団法人全日本交通安全協会による募集に応募した作品である。）を、十分考慮に入れて検討することが必要となるというべきである。
>
> 　そして、このような立場に立った場合には、交通標語には、著作物性（著作権法による保護に値する創作性）そのものが認められない場合も多く、それが認められる場合にも、その同一性ないし類似性の認められる範囲（著作権法による保護の及ぶ範囲）は、一般に狭いものとならざるを得ず、ときには、いわゆるデッドコピーの類の使用を禁止するだけにとどまることも少なくないものというべきである。」

【2】二次的著作物

> ［設例］
>
> 　Aは、Bが書いた専門書を、わかりやすく漫画化した本を作りたいと思っている。この場合、漫画の著作者はだれになるのか。

⑴二次的著作物とは

　「二次的著作物」とは、「著作物を翻訳し、編曲し、若しくは変形し、又は脚色し、

映画化し、その他翻案することにより創作した著作物」をいう（2条1項11号）。「翻案」とは、原案をもとにして新たに創作物を生みだすことをさす。たとえば、外国の小説を日本語に翻訳したり、脚本をもとに映画化したりした場合（脚本という原案をもとにして映画という新たな創作物を生みだしており、「翻案」にあたる）、翻訳書、映画それぞれが二次的著作物となる。条文の文言からもわかるとおり、二次的著作物と認められるためには、新たな創作性が付与されていることが必要である。

　なお、適法に他人の著作物を利用して新たに著作物を創作するためには、原著作物の著作者の許諾を得ておく必要がある。また、原著作物の著作者は、二次的著作物の利用に関し、二次的著作物の著作者が有するものと同一の種類の権利を有する（28条）。そこで、第三者が二次的著作物を利用する場合には、原著作物の著作者と、翻案等による二次的著作物の著作者の、双方の許諾が必要となる。

2−5

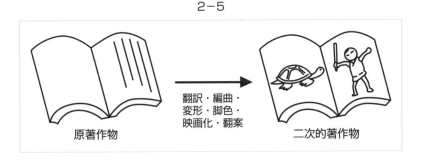

原著作物　翻訳・編曲・変形・脚色・映画化・翻案　二次的著作物

(2)設例の検討

　設例を検討すると、専門書を漫画化することは翻案にあたり、その結果できあがった漫画は二次的著作物となる。したがって、漫画の著作者はAになる。もっとも、専門書の著作者Bも、漫画の利用に関して、漫画の著作者Aと同一の種類の権利を有するので、第三者が漫画を利用する場合には、漫画の著作者Aと専門書の著作者Bの、双方の許諾が必要になる。

【3】 編集著作物・データベースの著作物

[設例]

　Aは、一定のテーマに沿って論文を集めた雑誌を、丸々コピーして配布しようと思っている。このような論文を集めただけの雑誌を利用する場合も、著作者の

許諾を得る必要があるのだろうか。

(1)編集著作物・データベースの著作物とは

編集著作物とは、「編集物（データベースに該当するものを除く。……）でその素材の選択又は配列によって創作性を有するもの」をいう（12条1項）。雑誌等の編集著作物の場合は、個々の記事とは別に、編集者に独立の著作権が認められることになる。

ここで保護されるのは、素材たる情報そのものではなく、「素材の選択又は配列」の創作性である。たとえば、独自の職業分類体系による職業別電話帳は、編集著作物として著作物性が認められる（〈NTTタウンページデータベース事件〉東京地判平成12年3月17日判時1714号128頁〔著作権百選5事件〕）が、何の工夫もなく単純に氏名や電話番号を並べたにすぎない50音別電話帳には、著作物性が認められない。

また、データベースの著作物（検索できるように体系的に構成された情報の集まり）については、編集著作物と同様に、「情報の選択又は体系的な構成」に創作性があれば、著作物として保護される（12条の2第1項）。

(2)設例の検討

設例の雑誌においては、個々の論文と、編集された雑誌が、著作物として著作権法による保護の対象となる。これを丸々コピーして配布するためには、双方の著作者からの許諾を得ることが、原則として必要になる。

★重要判例〈NTTタウンページデータベース事件〉（東京地判平成12年3月17日判時1714号128頁〔著作権百選5事件〕）

NTTの「タウンページデータベース」および「タウンページ」が、著作物にあたるかが問われた事件である。裁判所は、「タウンページデータベースの職業分類体系は、検索の利便性の観点から、個々の職業を分類し、これらを階層的に積み重ねることによって、全職業を網羅するように構成されたものであり、原告独自の工夫が施されたものであって、これに類するものが存するとは認められないから、そのような職業分類体系によって電話番号情報を職業別に分類したタウンページデータベースは、全体として、体系的な構成によって創作性を有する」データベースの著作物にあたることを認めた。また、職業別電話帳の「タウンページ」についても、「職業別分類体系によって電話番号情報を職業別に分類した点において、編集著作物として認められるというべき」と判示した。

【4】共同著作物

「共同著作物」とは、「2人以上の者が共同して創作した著作物であって、その各人の寄与を分離して個別的に利用することができないもの」をいう（2条1項12号）。座談

会、討論会形式の著作物等が、その典型例である。

　共同著作物の持分の譲渡、質権設定については、他の共有者の同意が必要である（65条1項）。ただし、同意を拒むためには、正当な理由が必要となる（65条3項）。また、共同著作権の行使についても、全員の合意が必要であり（65条2項）、合意の成立を妨げるためには、正当な理由が必要となる（65条3項）。

3 著作者

［設例］

　ア　Aは、勤務先発行の雑誌のために、業務時間中に作成した「鎌倉食べ歩きマップ」とその文章を、そのまま別の地域のタウン誌に掲載しようと考えている。Aが執筆した文章ではあるが、どのように利用しても問題ないといえるだろうか。

　イ　Bは、C社で社内報の制作を担当している社員である。以前、経済学者Dに対してインタビューを行い、その記事を社内報に掲載した。このインタビューは、事前にBが質問を準備し、経済学者Dに答えてもらうという手順で行った。その後、Dが話した内容をBが要約して、記事にした。Dには完成した原稿に目を通してもらい、そのときには特段異議をだされることはなかった。

　　Bは、このC社社内報に掲載したインタビュー記事の一部を、顧客向けに作成するC社のパンフレットに掲載しようと考えているのだが、Dから、改めてパンフレットへの掲載につき同意を得る必要があるか。そもそもこの場合、著作者はだれになるのか。

【1】原則

　著作者とは、「著作物を創作する者」をいう（2条1項2号）。著作者は著作物を創作した時点で、原始的に著作権を取得する（無方式主義）。著作物を「創作」した場合でなければならないので、企画発案者、著作物創作のための資金提供者、監修者等は、原則として著作者とはならない。

　それでは、創作に複数の者が直接携わった場合、または、会社における業務として

創作を行った場合には、著作者はだれになるのであろうか。

【2】共同著作

　2人以上の者が共同して創作し、各人の寄与を分離して個別的に利用することができない単一の著作物が作成されたとき、著作者は共同著作者となる。つまり共同著作者とは、共同著作物の著作者のことである（2条1項12号参照）。この場合、共同著作者は、著作権を共有する。そして、共同著作物の利用は、共同著作者全員の合意に基づいて決定しなければならない（64条、65条）。

結合著作物

　共同著作物とは別に、結合著作物という概念がある。結合著作物とは、歌詞と楽曲のように互いの創作的表現を分離して利用することができるもので、分離して利用できる以上、作詞者と作曲者それぞれが著作者となり、共同著作物とはならない。

【3】職務著作・法人著作

　すでにみてきたように、著作者となるのはみずから著作物を創作した者であるが、著作権法は、一定の要件をみたす場合は、法人その他の使用者（以下「法人等」という）が著作者になる旨を規定している（15条）。これを、職務著作または法人著作という。職務著作または法人著作が成立するためには、以下の4つの要件をみたす必要がある。

2−6　職務著作・法人著作の要件

①法人等の発意に基づくものであること
②法人等の業務に従事する者が職務上作成するものであること
③法人等が自己の名義で公表するものであること
④契約、勤務規則その他に別段の定めがないこと

　職務著作または法人著作が成立するためには、まず当該著作物が、①法人等の発意に基づくものでなければならない。ここでいう「発意」とは、著作物作成の意思が使用者の判断に直接的または間接的に委ねられていることをいう。裁判例では、法人等と業務に従事する者との間に雇用関係があり、業務に従事する者が、法人等の業務計画や法人等が第三者との間で締結した契約等に従っている場合には、法人等の具体的な指示あるいは承諾がなくとも、業務に従事する者の職務の遂行上、当該著作物の作成が予定または予期されるかぎり、①の要件をみたすとされている（〈北見工業大学事件〉知財高判平成22年8月4日判時2101号119頁〔著作権百選24事件〕）。

また、当該著作物は、②法人等の業務に従事する者が職務上作成するものでなければならない。「法人の業務に従事する者」には、従業員はもちろん、パートタイマー、臨時工、さらには、取締役、監査役等の役員も含まれる。ただし、外注先は含まれない。判例は、法人等と雇用関係にある者が「法人等の業務に従事する者」にあたることは明らかであるが、雇用関係の存否が争われた場合には、「法人等の業務に従事する者」にあたるか否かは、「法人等と著作物を作成した者との関係を実質的にみたときに、法人等の指揮監督下において労務を提供するという実態にあり、法人等がその者に対して支払う金銭が労務提供の対価であると評価できるかどうかを、業務態様、指揮監督の有無、対価の額及び支払方法等に関する具体的事情を総合的に考慮して、判断すべきものと解するのが相当である」としている（〈RGBアドベンチャー事件〉最判平成15年4月11日判時1822号133頁〔著作権百選23事件〕）。「職務上作成」したといえるか否かについては、実質的側面から判断するべきと考えられている。たとえ勤務時間外、勤務場所以外で作成されたものであっても、指揮監督関係の存在等により、「職務上作成」されたといえる場合があるからである。

　さらに、当該著作物は、③法人の著作名義で公表するものであることが必要である。ただし、かりに未公表の著作物でも、創作時を基準として、法人名義による公表が予定されていればよいと解されている（〈新潟鉄工刑事事件〉東京高判昭和60年12月4日判時1190号143頁〔著作権百選26事件〕）。もっとも、プログラムの著作物については、法人名義による公表の要件が不要とされているので、注意が必要である（15条2項）。

　最後に、④契約、勤務規則その他に別段の定めがないことが必要である。これは、就業規則や労働協約で、作成者個人をもって著作者とする旨の特約等がないことが条件となることを示している。

【4】 設例の検討

(1)設例ア

　この事例では、業務時間中に作成した著作物の著作者はだれか、ということが問題となる。

　このような文書は、図2－6の4つの要件をみたし、職務著作に該当するといえるから、当該文書の著作者は会社となり、当該文書の著作権も会社に帰属する。したがって、Aが別の地域タウン誌に転載する場合には、会社から許諾を得るか、引用（32条）のかたちをとって使用するか、どちらかの方法をとる必要がある。

(2)設例イ

　ここではまず、このインタビュー記事の著作者は、だれなのかが問題となる。

この事例では、Bがあらかじめ用意した質問事項に沿って経済学者Dに対してインタビューを行ったうえでその内容を要約しており、完成した原稿についてDは特段異議をだしていない。このような場合、口述者であるDは、執筆者であるBが文章を作成する過程に手を加えていないと評価できることから、文章表現の作成に創作的に関与していないといえる。そうすると、Dは本設例における要約文章（インタビュー記事）の著作者とはならない。そして、この記事は職務著作（15条1項）に該当するので、著作者はC社であり、著作権はC社に帰属することになる。したがって、インタビュー記事の著作権者であるC社は、顧客向けに作成するC社のパンフレットにインタビュー記事の一部を掲載する際に再度Dの許諾を得る必要はない。

　他方で、本設例とは異なり、Dの話した内容をBが要約等するに際し、Dが大きく関与したのであれば、当該関与の態様および程度により、DとB（またはC社）が共同著作者となる場合も考えられる。また、Dの話した内容が、Bの作成した文章を二次的著作物（2条1項11号）とする原著作物（言語の著作物。10条1項1号）となり、Dが原著作物の著作者となる場合も考えられる。この場合、共同著作物となるときには65条2項、二次的著作物となるときには28条により、Dの許諾を再度得る必要が生じる。

4 著作者の権利

【1】概観

　著作物を創作すると、著作者はその著作物に対する著作権（広義）を得る。この著作権は、大きく2つの権利に分かれる。すなわち著作者人格権と著作財産権の2つである。なお、条文上は後者のみを（狭義の）「著作権」とよんでいる（17条1項）。

2−7

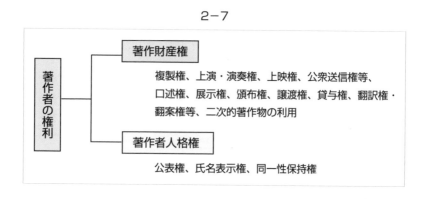

【2】著作者人格権

> ［設例］
>
> 　著名な詩人Aの詩を社内報に掲載することになったので、Aにコンタクトを
> とったところ、掲載については了承するという回答をもらった。ところが、編集
> 長である上司から、当該詩の最後の1行に差別的発言ともとられかねない表現が
> あるので削除するよう指示を受けたため、Aには無断で最後の1行だけを削除し
> て掲載した。このような行為に問題はあるか。

(1)総説

　著作者人格権は、著作物が著作者の人格の発現形態でもあることから、その人格的
利益を保護するために認められている権利である。すなわち著作者人格権は、著作者
の著作物に対する精神的利益を保護するための権利であり、対価の獲得により創作活
動へのインセンティブを付与する著作財産権とは、異なる性質をもつものである。

　人格的利益の保護という趣旨から、著作者人格権は著作者固有の一身専属的な権利
であり、譲渡することはできない(59条)。また、著作者の死後においても、生存して
いたとすれば著作者人格権の侵害となるべき行為をしてはならないと規定されており
(60条)、遺族による人格的利益の保護のための措置もおかれている(116条)。

　なお、著作者人格権の侵害については、司法試験で問われることが多い。それぞれ
の権利について、十分理解しておくことが必要である。

(2)公表権

　公表権とは、著作物の公表に関するコントロール権(公表するか否か、公表の方法・
条件・時期等を決定する権利)である(18条)。したがって、「著作物でまだ公表されてい
ないもの」が公表権の対象となる。著作権法上、「公表」とは、著作物が発行され、ま
たは上演権・演奏権・上映権・公衆送信権等・口述権・展示権を有する者もしくはそ
の許諾を得た者等によってこれらの方法で公衆に提示された場合をいう(4条1項)。
著作物の「発行」とは、著作物の性質に応じ公衆の要求をみたすことができる相当程度
の部数の複製物が、複製権を有する者等によって作成され、頒布された場合をさす
(3条1項)。裁判例では、特定の詩が中学校の文集に掲載され、中学校の教諭および
卒業生に合計300部以上配布された場合について、公衆の要求をみたすことができる
相当程度の部数の複製物が作成・頒布されたとして、当該詩は公表されたと認定する
ものがある(〈中田英寿事件〉東京地判平成12年2月29日判時1715号76頁〔著作権百選31事件〕)。

一方で、18条2項各号に掲げる場合には、著作者は一定の公衆への提供または提示に対し同意したものと推定される。さらに、行政機関等の情報公開との関係で、一定の場合には、著作物の公衆への提供・提示に同意したものとみなされ、あるいは公表権の侵害が問題とならない(18条3項、4項)。

⑶氏名表示権

氏名表示権とは、氏名表示に関するコントロール権(著作者名として表示するか否か、実名・変名の選択をする権利)である(19条)。判例では、短文投稿サイトであるツイッター上でのリツイート(第三者のツイートを紹介ないし引用する、ツイッター上の再投稿)により、著作者の意思に反して著作者名の表示が削除された状態で画像が表示された場合において、リツイート者らによる氏名表示権の侵害を認めている(〈ツイッター事件〉最判令和2年7月21日民集74巻4号1407頁)。

19条2項によれば、従前の表示に従って、著作者名を表示する場合には、氏名表示権の侵害とならない。また、著作物の利用の目的および態様に照らして、著作者が創作者であることを主張する利益を害するおそれがないと認められる場合(ドラマでの背景音楽、ホテルのロビーでのBGM等)には、公正な慣行に反しないかぎり例外的に著作者名の表示を省略することが許される(19条3項)。さらに、公表権と同様、情報公開との関係で、一定の場合には氏名表示権の侵害とはならない(19条4項)。

⑷同一性保持権

同一性保持権とは、著作物の内容およびその題号の同一性を保持し、著作者の意に反する改変を受けない権利である(20条)。これは、意に反する改変によって著作者の受ける精神的苦痛を救済するためのものである。教科書への掲載のための用字や用語の変更など、やむをえないと認められる改変については、例外的に許容される(20条2項各号)。

また、他人による同一性保持権侵害を惹起した場合について、判例は、このような侵害を惹起した者について、不法行為に基づく損害賠償責任を負うとしている(〈ときめきメモリアル事件〉最判平成13年2月13日民集55巻1号87頁〔著作権百選33事件〕)。

★重要判例〈ときめきメモリアル事件〉(最判平成13年2月13日民集55巻1号87頁〔著作権百選33事件〕)
　ゲームではじめから高い能力値を得られるメモリーカードを輸入・販売する行為が、ゲームソフトの同一性保持権を侵害しないかが争われた事件である。最高裁は、「本件ゲームソフトにおけるパラメータは、それによって主人公の人物像を表現するものであり、その変化に応じてストーリーが展開されるものであるところ、本件メモリーカードの使用によって、本件ゲームソフトにおいて設定されたパラメータによって表現される主人公の人物像が改変されるとと

もに、その結果、本件ゲームソフトのストーリーが本来予定された範囲を超えて展開され、ストーリーの改変をもたらすことになる」から、本件メモリーカードの使用は、本件ゲームソフトの同一性保持権を侵害すると判示した。

また、メモリーカードを使用してゲームソフトのストーリーの改変を実際に行うのは個々のユーザーであるが、単にメモリーカードの輸入・販売を行う者も同一性保持権の侵害を理由に不法行為責任を負うのかという点も問題となった。この点について、最高裁は、本件メモリーカードを輸入・販売する行為がなければ、本件ゲームソフトの同一性保持権の侵害が生じることはなかったのであるから、「専ら本件ゲームソフトの改変のみを目的とする本件メモリーカードを輸入、販売し、他人の使用を意図して流通に置いたYは、他人の使用による本件ゲームソフトの同一性保持権の侵害を惹起したものとして、Xに対し、不法行為に基づく損害賠償責任を負うと解するのが相当である」と判示した。

(5)設例の検討

設例においては、まず、詩の最後の1行の削除が、Aの同一性保持権を侵害しないかが問題となる。言葉1つひとつの選択が重大な意味をもつという詩の性質を考えると、著作者たる詩人Aの意に反する「改変」にあたるということができる。

次に、20条2項4号の「やむを得ない」改変として許されるかどうかが問題となる。裁判例には、引用した漫画カットが特定の人物の名誉感情を害するおそれがあり、それを避けるために引用者が目隠しを付した行為について、20条2項4号の「やむを得ない」場合にあたると結論づけたものがある(〈「脱ゴーマニズム宣言」事件〉東京高判平成12年4月25日判時1724号124頁)。

設例で問題とされたのは「差別的発言ともとられかねない表現」にすぎず、場合によっては刑事事件にもなりうる特定人への名誉毀損的表現ではないので、当該表現を削除することが「やむを得ない」改変として許されるかどうかは判断の難しいところである。

【3】 著作財産権(著作権)

[設例]

著作財産権(著作権)のひとつとして、複製権(21条)があげられている。複製権を文字どおりに解せば、自己の著作物を複製できる権利である。しかし、自分の原稿を複製できるのは、通常それが自分の物だから、すなわち自己に所有権があるからだということもできる。では、著作財産権と所有権の違いは、どこにある

のであろうか。

⑴総説

⒜著作財産権とは

著作財産権は、著作者の財産的利益を確保するために認められた権利である。通常「著作権」といえば、この権利のことをさす(狭義の著作権、17条1項)。著作財産権は、複製権・翻案権などというように、具体的な利用行為(「複製」・「翻案」)を権利として列挙するかたちで規定されている(21条から28条まで)。これらを概観すると、以下のようになる。

2-8 著作財産権

複製権(21条)	頒布権(26条)
上演権、演奏権(22条)	譲渡権(26条の2)
上映権(22条の2)	貸与権(26条の3)
公衆送信権等(23条)	翻訳権、翻案権等(27条)
口述権(24条)	二次的著作物の利用権(28条)
展示権(25条)	

なお、著作財産権の侵害については、司法試験でもっともよく問われる点であるので、注意が必要である。

⒝所有権との違い

所有権と著作権は、ともに目的物を排他的に支配する権利であるという点で共通している。一方で、権利の客体が有体物であるのか、それとも無体物であるのかという点に、決定的な違いがある。所有権は、有体物をその客体としているため、目的物を同時に複数の場所で使用することが、物理的に不可能である。しかし、著作権の場合には、目的物が無体物であるためにそれが可能で、また、その使用方法は多岐にわたる。このような性質の違いにかんがみ、著作権法では、創作的表現を、著作権者以外の他人が無断で利用することを禁じている。

この点については、顔真卿自書建中告身帖事件(最判昭和59年1月20日民集38巻1号1頁〔著作権百選1事件〕)という有名な判例が参考になる。これは、顔真卿という唐代の書家の「自書告身帖」を所有していたXが、それを複製して出版したYに対し、所有権の侵害を理由として出版物の販売差止めと複製物の廃棄を求めた事件である。Yは、Xの前所有者の許諾を受けて「告身帖」を撮影し、この写真(複製物)をもとに出版・販売を行っていた。

これに対し、最高裁は、「美術の著作物の原作品は、それ自体有体物であるが、同時に無体物である美術の著作物を体現しているものというべきところ、所有権は有体物をその客体とする権利であるから、美術の著作物の原作品に対する所有権は、その有体物の面に対する排他的支配権能であるにとどまり、無体物である美術の著作物自体を直接排他的に支配する権能ではないと解するのが相当である」と判示して、Xの訴えを退けた。つまり、所有権は物の有体物としての側面を排他的に支配する権利であるから、物の影像を複製するなど、無形的な側面を利用する行為には、その効力は及ばないということである。

　それでは、もし、Xが「告身帖」の所有権のみならず、著作権をも有していたとしたらどうであろうか。著作者は、その著作物を複製する権利を「専有」する（21条）ので、他人が勝手に複製することは許されない。したがって、Yがどこかから合法的に写真を手に入れたとしても、Xの許諾がないかぎり、その複製は許されないことになる。

(2) 複製権(21条)

　著作者は、著作物を複製する権利を専有する（21条）。「複製」とは、著作物を、印刷、写真、複写、録音、録画その他の方法により有形的に再製することをいう（2条1項15号）。「有形的に」とは、列挙された方法からもわかるとおり、著作物がなんらかの媒体に固定されることを意味している。

　「複製」の例としては、まったく同一のものを作りだすデッドコピーのような場合があげられるが、多少の修正増減があっても、実質的に類似するものを作りだせば、複製権侵害になると解されている。裁判例では、「ですます」調を「だ、である」に換える程度の改変では、表現の同一性はいまだ失われていないとして、複製権侵害が認められた例がある（〈〈ぐうたら健康法事件〉東京地判平成7年5月31日判時1533号110頁）。

(3) 上演権、演奏権(22条)

　著作物を、公衆に直接見せたり、聞かせたりすることを目的として上演し、または演奏（歌唱を含む。2条1項16号括弧書）する権利である。この権利は、生の演奏や上演はもちろん、録音や録画物による演奏や上演にも及ぶ。これらは、いずれも、「公衆に直接見せ又は聞かせることを目的」とした場合を対象とする。

　直接著作権侵害行為を行っていないが、実演者に演じる場所を提供したり、演目を決定したりする者も、著作権侵害の主体になるかという点については、特に問題となるところである。この点については⑨【3】(1)(a)で後述する。

(4) 上映権(22条の2)

　著作物を公に上映する権利である。映画館のスクリーンにかぎらず、テレビやパソコン、大型ディスプレイ等に映しだす場合も、これにあたる。

⑸公衆送信権等(23条)

　著作物を公衆送信し、または公衆送信された著作物を公に伝達する権利である。

　「公衆送信」とは、公衆によって直接受信されることを目的として無線通信または有線電気通信の送信を行うことと規定されており(2条1項7号の2)、以下の4つの内容を含む。

> ①放送(同時送信/無線通信)：テレビ放送、ラジオ放送等
>
> ②有線放送(同時送信/有線通信)：CATV放送、有線音楽放送等
>
> ③自動公衆送信(インタラクティブ送信)：インターネットのウェブサイト等を用いて公衆からの求めに応じて自動的に行う送信等
>
> ④その他の公衆送信：電話で申込みを受けて、その後手動で行うファックス送信等

　公衆送信には、自動公衆送信の場合にあっては、送信可能化(2条1項9号の5)する行為を含む(23条1項括弧書)。

　「送信可能化」とは、著作物をコンピュータ・ネットワーク上のサーバにアップロードする行為と、アップロードにより著作物が保存されたサーバをネットワークに接続する行為をいう(2条1項9号の5)。

　自動公衆送信の場合には、送信の前段階である「送信可能化」の段階にも権利を及ぼすことにより、権利者に無断で著作物をアップロードしたときには、具体的な送信行為がなくとも、著作権侵害を認めうることになる。

2-9

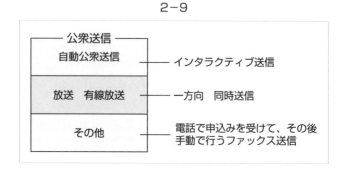

⑹口述権(24条)

　言語の著作物を、「公衆に直接見せ又は聞かせることを目的」として口述する権利である。この権利は、朗読、演説などはもちろん、これらが録音されたものを流す行為にも及ぶ。裁判例においては、「公衆に直接見せ又は聞かせることを目的」としているか否かは、「事前の人的結合関係の強弱に加え、著作物の種類・性質や利用態様等も

考慮し、社会通念に従って判断するのが相当である」とされている（〈幸福の科学祈願経文事件〉東京地判平成25年12月13日判例集未登載〔著作権百選60事件〕）。

⑺展示権（25条）

美術の著作物、または未発行の写真の著作物を、原作品により公に展示する権利である。

⑻頒布権（26条）

特に映画の著作物については、その複製物により頒布（公衆への譲渡または貸与、2条1項19号）する権利が規定されている。映画を収録したビデオやDVDのレンタル・販売がその例である。

なお、頒布権についても、特許権の場合（第1章 ④【2】⑵⒜参照）と同じく、消尽を認めた判例（〈中古ゲームソフト事件〉最判平成14年4月25日民集56巻4号808頁〔著作権百選62事件〕）がある。

> **★重要判例〈中古ゲームソフト事件〉（最判平成14年4月25日民集56巻4号808頁〔著作権百選62事件〕）**
>
> 中古ゲームソフトを販売する行為が、頒布権を侵害しないかが争われた事件である。まず、最高裁は、ゲームソフトが「映画の著作物」に該当することを認めたうえで、「特許権者又は特許権者から許諾を受けた実施権者が我が国の国内において当該特許に係る製品を譲渡した場合には、当該特許製品については特許権はその目的を達成したものとして消尽し、もはや特許権の効力は、当該特許製品を再譲渡する行為等には及ばないことは、当審の判例とするところであり（〔最判平成9年7月1日第3小法廷判決・民集51巻6号2299頁〕）、この理は、著作物又はその複製物を譲渡する場合にも、原則として妥当するというべきである。けだし、（ア）著作権法による著作権者の権利の保護は、社会公共の利益との調和の下において実現されなければならないところ、（イ）一般に、商品を譲渡する場合には、譲渡人は目的物について有する権利を譲受人に移転し、譲受人は譲渡人が有していた権利を取得するものであり、著作物又はその複製物が譲渡の目的物として市場での流通に置かれる場合にも、譲受人が当該目的物につき自由に再譲渡をすることができる権利を取得することを前提として、取引行為が行われるものであって、仮に、著作物又はその複製物について譲渡を行う都度著作権者の許諾を要するということになれば、市場における商品の自由な流通が阻害され、著作物又はその複製物の円滑な流通が妨げられて、かえって著作権者自身の利益を害することになるおそれがあり、ひいては『著作者等の権利の保護を図り、もって文化の発展に寄与する』（著作権法1条）という著作権法の目的にも反することになり、（ウ）他方、著作権者は、著作物又はその複製物を自ら譲渡するに当たって譲渡代金を取得し、又はその利用を許諾するに当たって使用料を取得することができるのであるから、その代償を確保する機会は保障されているものということができ、著作権者又は許諾を受けた者から譲渡された著作物又はその複製物について、著作権者等が二重に利得を得ることを認める必要性は存在しないからである」と判示して、「公衆に提示することを目的としない」映画の著作物について、「当該著作物の複製物を公衆に譲渡する権利は、いった

ん適法に譲渡されたことにより、その目的を達成したものとして消尽し、もはや著作権の効力は、当該複製物を公衆に再譲渡する行為には及ばない」から、中古ゲームソフトの販売は適法であるとした。

(9)譲渡権(26条の2)

著作物(映画の著作物を除く)を、その原作品、または複製物の譲渡により、公衆に提供する権利である。従来、映画の著作物にのみ認められていた頒布権を、映画以外の著作物に譲渡権という名称で与えたものである。

(10)貸与権(26条の3)

映画以外の著作物の複製物を、公衆に貸与する権利をいう。典型的には、レコード、パソコンのソフトウエア等が、貸与権の対象となる複製物にあたるとされている。これは、貸レコード業の普及によるレコード売り上げの落ち込みが契機となって、導入されたものである。

(11)翻訳権、翻案権等(27条)

著作物を翻訳、編曲、変形、脚色、映画化、その他翻案する権利をいう。小説を映画化する場合などがその例である。

> ### ★重要判例〈江差追分事件〉(最判平成13年6月28日民集55巻4号837頁〔著作権百選44事件〕)
>
> テレビのナレーションと小説のプロローグの類似性が争われた事件で、最高裁は翻案の定義を次のように判示した。「言語の著作物の翻案(著作権法27条)とは、既存の著作物に依拠し、かつ、その表現上の本質的な特徴の同一性を維持しつつ、具体的表現に修正、増減、変更等を加えて、新たに思想又は感情を創作的に表現することにより、これに接する者が既存の著作物の表現上の本質的な特徴を直接感得することのできる別の著作物を創作する行為をいう。そして、著作権法は、思想又は感情の創作的な表現を保護するものであるから(同法2条1項1号参照)、既存の著作物に依拠して創作された著作物が、思想、感情若しくはアイデア、事実若しくは事件など表現それ自体でない部分又は表現上の創作性がない部分において、既存の著作物と同一性を有するにすぎない場合には、翻案には当たらないと解するのが相当である」。

(12)二次的著作物の利用権(28条)

二次的著作物については、二次的著作物を創作した著作者のほか、原著作者も同一の種類の権利を有することになる。したがって、図2-10のように、二次的著作物を利用しようとする第三者(C)は、二次的著作物の著作者(B)の許諾のみならず、原著作者(A)の許諾も得る必要がある。

また、同一の種類の権利を有するといっても、原著作者(A)が二次的著作物(漫画)

を利用する場合には、著作者(B)の許諾を得る必要がある。

★**重要判例〈キャンディ・キャンディ事件〉(最判平成13年10月25日判時1767号115頁(著作権百選49事件))**

　漫画のキャラクターであるキャンディのリトグラフや絵葉書を無断で作成・販売した行為が、原作者の権利を侵害するかが争われた事案である。最高裁は、「本件連載漫画は被上告人作成の原稿を原著作物とする二次的著作物であるということができるから、被上告人は、本件連載漫画について原著作者の権利を有するものというべきである。そして、二次的著作物である本件連載漫画の利用に関し、原著作物の著作者である被上告人は本件連載漫画の著作者である上告人が有するものと同一の種類の権利を専有し、上告人の権利と被上告人の権利とが併存することになるのであるから、上告人の権利は上告人と被上告人の合意によらなければ行使することができないと解される。したがって、被上告人は、上告人が本件連載漫画の主人公キャンディを描いた本件原画を合意によることなく作成し、複製し、又は配布することの差止めを求めることができる」と判示した。

2-10

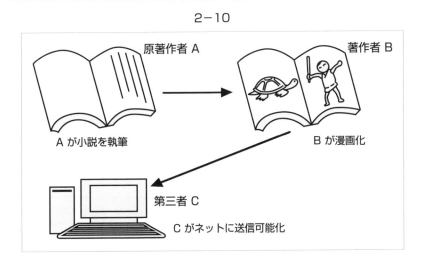

5 著作権の制限

【1】著作権の公共的限界

　[設例]

　ア　Aは、会社での業務の参考にするため、専門書や業界紙に掲載された論文

や記事を、社内のコピー機を使って、コピーしてファイルしているが、著作権法上、問題はあるだろうか。

イ　Bは、他人の書いた論文を引用したレジュメを作ろうと考えているが、論文執筆者に許諾を得ないと引用できないのであろうか。また、引用をする際には、どのようなことに注意すべきか。

(1)著作権者からの許諾と自由利用

　前述した著作財産権は、いずれも他人による勝手な利用を許さない権利である。よって、他人の著作物を法定の方法で利用するためには、原則として著作権者からの許諾が必要となる。現に実務では、利用したい著作物の著作権者と利用したい者とが契約を締結することによって、具体的な利用の範囲を明確にするということが行われている（出版契約、映画製作・利用契約等）。

　しかし、常に著作権者からの許諾を必要とすると、著作物の円滑な利用が妨げられるおそれがある。既存の著作物が、多かれ少なかれ先人の文化的遺産に負っていることを考えると、一定の場合には著作物の自由利用を認めたほうが、文化振興を目的とする著作権法の基本的な考え方に合致するといえる。

　以上の観点から、法は一定の場合に、著作権者の権利を制限して、著作権者の許諾を得ることなく、著作物を自由利用できる場合を定めている（30条から47条の7まで）。

　なお、著作権の制限規定は、著作者人格権に影響を及ぼさないことに注意が必要である（50条）。

2-11　著作物の自由利用

私的使用のための複製（30条）
付随対象著作物の利用（30条の2）
検討の過程における利用（30条の3）
著作物に表現された思想または感情の享受を目的としない利用（30条の4）
図書館等における複製等（31条）
引用（32条）
教育目的のための使用（33〜36条）
視覚障害者等のための複製等（37条）
聴覚障害者等のための複製等（37条の2）
営利を目的としない上演等（38条）
時事問題に関する論説の転載等（39条）
政治上の演説等の利用（40条）
時事の事件の報道のための利用（41条）
裁判手続等における複製（42条）
行政機関情報公開法等による開示のための利用（42条の2）

公文書管理法等による保存等のための利用(42条の3)
国立国会図書館法によるインターネット資料およびオンライン資料の収集のための
　複製(43条)
放送事業者等による一時的固定(44条)
美術の著作物等の原作品の所有者による展示(45条)
公開の美術の著作物等の利用(46条)
美術の著作物等の展示に伴う複製等(47条)
美術の著作物等の譲渡等の申出に伴う複製等(47条の2)
プログラムの著作物の複製物の所有者による複製等(47条の3)
電子計算機における著作物の利用に付随する利用等(47条の4)
電子計算機による情報処理およびその結果の提供に付随する軽微利用等(47条の5)
翻訳、翻案等による利用(47条の6)
複製権の制限により作成された複製物の譲渡(47条の7)

フェア・ユース

　著作物を公正に利用する場合であれば、著作者の承諾がないときであっても著作物を利用することができる旨の一般規定を**フェア・ユース**とよぶ。アメリカの著作権法では明文の規定があるものの、日本の著作権法には規定がない。フェア・ユースは特にパロディとデジタル分野において重要である。たとえば、デジタル分野においては、インターネットの検索エンジンを運営する会社が、ホームページを自社のサーバーに複製する行為も複製権侵害になってしまうのではないかという問題(いわゆるキャッシュのための複製)などがある。このようなデジタル分野に関しては、一般的な規定は存在しないものの、2018年改正により30条の4、47条の4、47条の5等の柔軟性のある権利制限規定が新設されたことにより、フェア・ユースに近い法制が整備されたといえる。一方で、パロディに関しては、いまだ十分な法整備はなされていない。今後の立法が待たれるところである。

(2)私的使用のための複製

(a)原則

　私的使用のための複製とは、個人的にまたは家庭内その他これに準ずるかぎられた範囲内で使用する目的で複製することをいう(30条1項柱書)。私的な複製を禁止することは過度に行動の自由を奪うこと、軽微な利用であれば著作権者に与える影響は小さいことなどから、このように定められている。したがって、たとえばテレビ番組を後で観るために録画したり、市販のCDのデータをパソコンに取り込んで個人的に楽しんだりする場合には、原則として著作権の侵害とならない。もっとも、私的使用のための複製として許されたとしても、当該複製物を別の目的で使用する場合には、複製物の目的外使用として、複製権侵害となるので注意が必要である(49条)。

　また、裁判例では、複製行為の主体について、「複製の意思をもって自ら複製行為を行う者をいう」としたうえで、自炊代行業者(書籍をスキャンしデジタルデータに変換

するサービスを提供する事業者)による複製につき、「営利を目的として、顧客である不特定多数の利用者に複製物である電子ファイルを納品・提供するために複製を行っている」ことを理由に、30条1項の適用を認めないとした例がある(〈自炊代行事件〉知財高判平成26年10月22日判時2246号92頁〔著作権百選66事件〕)。

(b)私的使用のための複製の例外

　私的使用目的の複製であっても、以下の場合には、複製権侵害を構成することになる(30条1項各号)。

①公衆の使用に供することを目的として設置されている自動複製機器による複製、たとえば、レンタル店の店頭設置のダビング機を利用してダビングする場合(30条1項1号)。ただし、コピー機等のもっぱら文書または図画の複製に供するものについては、当分の間、公衆用自動複製機器に該当しない旨の経過措置(附則5条の2)がとられている。

②「技術的保護手段」(著作2条1項20号)を回避することで可能となった複製を、その事実を知りながら行った場合(30条1項2号)。たとえば、コピー・ガードが不正に外されていることを知ったうえで複製する場合など。さらに、「CSS」などの暗号型アクセスコントロール技術を回避して行うリッピング等も違法となる。

③著作権を侵害する自動公衆送信を受信して行うデジタル方式の録音または録画を、その事実を知りながら複製する場合(30条1項3号)。いわゆる違法ダウンロードのことであり、動画投稿サイト等に違法にアップロードされた映画・音楽を、違法にアップロードされたと知りながらダウンロードする場合をいう。違法な著作物の流通抑止のため、違法に配信される映画・音楽がすでに有償で公衆に提供・提示されている場合(適法にCDやDVDとして販売されている場合など)におけるダウンロードは、刑事罰の対象となっている(119条3項1号)。

④著作権を侵害する自動公衆送信を受信して行うデジタル方式の複製(録音・録画を除く)を、その事実を知りながら複製する場合(30条1項4号)。映画・音楽以外の著作物の違法ダウンロードをさす。規制される違法ダウンロードの対象は、もともとは3号に規定する映画・音楽のみであったが、インターネット上の海賊版対策を強化するため、2020年改正により、著作物全般(漫画・書籍・論文・コンピュータープログラムなど)に拡大された。3号の場合と同様、特に悪質な行為については、刑事罰が科される(119条3項2号)。なお、国民の萎縮防止の観点から、後述するスクリーンショットの際の写り込み、「軽微なもの」、二次創作・パロディ、著作権者の権利を不当に害しないと認められる特別な事情が

ある場合については、著作権侵害の対象から外されており、適法に複製を行う
ことができる。

ⓒ私的録音・録画補償金制度

　私的使用のための複製が、家庭内に普及した複製機器を用いて大量に行われるように
になると、著作権者への影響は大きいものになってくる。たとえば、貸レコード店に
おいて貸し出されたレコードが、各家庭で複製されることにより、レコードの売り上
げが減少するというような事態がある。貸与権が設けられた背景には、このような状
況があった。とはいえ、私的使用のための複製を制限することは、人々の自由を大き
く損なう。たとえば、友人に借りたCDを、各種記録媒体に録音すること等を想定し
てほしい。

　そこで、両者を調整する制度として、私的録音・録画補償金制度が設けられている
（30条3項）。これは、デジタル方式の私的録音・録画をする者は、その複製機器や記
録媒体（CD-Rなど）に課金されるかたちで、補償金を支払わなければならないという
制度である。支払われた補償金は、指定管理団体によって、業者から取り立てられる
ことになる（104条の2から104条の10まで）。

⑶写り込み〔付随対象著作物の利用〕（30条の2）

　たとえば、写真撮影をする際に、たまたま背景に他の著作物が写り込んでいる場合
に、その著作物に関する著作権の侵害となるかどうか、という問題（いわゆる「写り込
み」について）がある。この点について、著作権法上、写真の撮影、録音・録画などの
方法によって著作物を創作する場合に、写真の撮影等の対象として写り込んだ著作物
（付随対象著作物）を当該創作に伴って複製または翻案することを適法とする旨の規定
が設けられている。なお、デジタル化・ネットワーク化の進展に対応するため、2020
年改正により、スクリーンショットやインターネット上での生配信など、複製行為全
般における写り込みが適用対象となった。

⑷引用（32条）

ⓐ引用の要件

　引用とは、報道、批評、研究その他の目的で、自己の著作物中に他人の著作物の一
部を取り込んで利用することである。引用者は、公正な慣行に合致し、かつ報道、批
評、研究その他の引用の目的上正当な範囲内で、公表された著作物を引用して利用す
ることができる（32条1項）。

　判例（〈パロディ事件〉最判昭和55年3月28日民集34巻3号244頁〔著作権百選68事件〕）は、
適法な引用と認められる基準として、①明瞭区別性と②主従関係をあげている。

(i)明瞭区別性

引用部分と自己の著作物とが、明瞭に区別されることが必要である。たとえば、研究論文において、他人の文章の引用なのか、自己の文章なのか判然としない場合には、公正な慣行に合致した著作物の利用とはいえない。

(ii)主従関係

自己の著作物が主であり、引用する他人の著作物が従でなければならない。主従関係は、自己の著作物と引用する他人の著作物の分量の比較だけでなく、引用目的や内容などさまざまな要素を考慮する必要がある。たとえば、論文の補足図版として引用された絵画につき、「本件絵画の複製物はそのような〔論文の理解を補足し、論文の記述を把握させるという〕付従的性質のものであるにとどまらず、それ自体鑑賞性を有する図版として、独立性を有するものというべき」として主従関係を否定した裁判例がある（〈藤田嗣治絵画複製事件〉東京高判昭和60年10月17日無体裁集17巻3号462頁）。

> ★重要判例〈パロディ事件〉（最判昭和55年3月28日民集34巻3号244頁〔著作権百選68事件〕）
>
> 原告の撮影した写真を、許可を得ずに使用し、モンタージュ写真を作成した被告に対し、原告が著作権・著作者人格権侵害を理由として損害賠償を求めた事案である（旧著作権法下の事案であり、また、控訴審において著作権侵害の主張は撤回されている）。被告は、原告の写真の利用は「節録引用」（旧著作権法30条1項、現在の32条1項）に該当し、引用の目的等からしてモンタージュ写真の作成は客観的に正当視されるものであるから、著作者人格権の侵害にあたらないと主張した。これに対し、最高裁は、「引用にあたるというためには、引用を含む著作物の表現形式上、引用して利用する側の著作物と、引用されて利用される側の著作物とを明瞭に区別して認識することができ、かつ、右両著作物の間に前者が主、後者が従の関係があると認められる場合でなければならないというべきであり、更に、法18条3項の規定によれば、引用される側の著作物の著作者人格権を侵害するような態様でする引用は許されないことが明らかである」としたうえで、被告によるモンタージュ写真の作成は著作者人格権を侵害する改変であり、適法な「引用」にもあたらないとしている。

(b)出所明示義務

引用に際しては、引用されて利用される著作物について、その出所を明示しなければならない（48条1項柱書および1号）。

出所の明示は、利用の態様に応じて合理的と認められる方法および程度であることが必要である。たとえば、出版物からの利用に際しては、著作物の題号、著作者名、出版社名、掲載雑誌名、巻号等を、学術論文の場合には掲載頁等を記載すべきであり、美術・写真の場合には所蔵者、映画の場合には映画製作者等を記載すべきと考えられる。

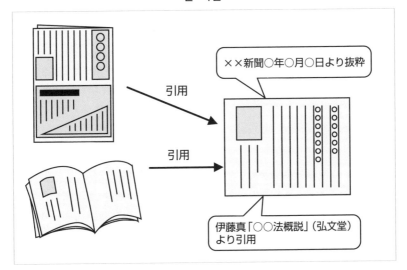

出所明示義務に違反しても、著作権侵害にはならない(すなわち引用の要件というわけではない)が、50万円以下の罰金が科せられる(122条)。

(c)引用と転載(32条2項)

国または地方公共団体の機関が作成する広報資料等の著作物(たとえば、教育白書・経済白書)については、説明資料として刊行物に転載することができる。ただし、禁転載の表示がある場合には、自由に転載することはできない(32条2項ただし書)。

(5)設例の検討

アにおいては、企業内部における使用が私的使用として許容されるかが問題となる。Aが、コピーをまったくの個人として使用するのであれば、私的使用のための複製(30条1項)として複製権侵害とはならない。裁判例では、企業その他の団体において、内部的に業務上利用するために著作物を複製する行為は、その目的が個人的な使用にあたるとはいえず、かつ、家庭内における使用にあたるとはいえないから、私的使用のための複製にあたらず、複製権侵害になるとされている(〈舞台装置設計図事件〉東京地判昭和52年7月22日無体裁集9巻2号534頁〔著作権百選65事件〕)。

イにおいて、Bが執筆者の許諾を得ずに引用する場合には、目的に必要な範囲内で引用し、出所を明示しておく必要がある。

なお、適法な引用として許容されるか否かという点は、司法試験でもよく出題される。十分注意してほしい。

【2】著作権の時間的限界

> ［設例］
>
>   1978年5月にある著作物が創作され、1990年1月に変名を用いて公表され、1995年12月にその著作者が死亡した場合、当該著作物の保護期間の始期と終期はいつになるか。

(1)総説

　著作権には一定の保護期間があり、これを過ぎると著作権は消滅し、著作物の利用は自由となる。これは、著作物の利用に関して一定期間の独占を認めて著作者の財産的利益を確保した後は、文化の発展のために創作物を社会に開放するという趣旨である。

2-13　著作権の保護期間

```
 1  始　期
    著作物の創作の時(51条1項)
 2  終　期
  (1)　原　則
    著作者の死後70年(51条2項)
  (2)　例　外
    Ⅰ　無名・変名の著作物－公表後70年(52条1項)
    Ⅱ　団体名義の著作物－公表後70年(53条1項)
    Ⅲ　映画の著作物－公表後70年(54条1項)
 3  保護期間の計算方法－暦年主義(57条)
    著作者が死亡した日、著作物が公表された日、著作物が創作された日の属する年の翌年の1月
   1日から起算する。
```

(2)説例の検討

　設例を検討すると、始期は創作時であるから1978年5月、終期は変名の著作物なので公表後70年となり、暦年主義により1991年1月1日から起算されて2060年12月31日が終期となる。

6　著作物の利用

著作者は、みずから排他的に著作物を利用する権利を有している。しかし、たとえ

ば原稿等に関しては、みずから出版することによって対価を獲得するよりも、現実には出版社に委ねて対価を獲得することが多いであろう。ここでは、このように著作物を利用する場合の法律関係について説明する。

【1】 利用許諾

> [設例]
>
> Aは、文芸雑誌であるα誌の編集に携わっている者である。人気作家Bから、ある未発表作品について、そのままのかたちでα誌に掲載することの許諾を得て、Bとの間で独占的なライセンス契約を結んだ。しかし、数日後、α誌の出版前に発売された別のβ誌に、当該作品が掲載されていた。これによりβ誌は膨大な利益を手にしている。Bを問い詰めると、α誌と契約後、β誌のだした好条件に目がくらんでライセンス契約を二重に結んでしまったとのことだった。Bの責任追及はもちろんのこと、α誌としては、β誌に対し、当該作品の掲載により得た利益を自分たちの利益として請求したいと思っている。このような請求は認められるか。

保護期間の経過していない他人の著作物を利用しようとする場合には、自由利用が許される場合を除いて、著作権者から著作物の利用についての許諾を得る必要がある。この約束を利用許諾(またはライセンス)とよぶ(63条1項)。

(1)被許諾者の地位

被許諾者の権利は、債権的なものである。つまり、被許諾者は、許諾した著作権者に対し、自分に対してはその著作権を行使しないことを要求しうるにすぎないのである。したがって、その著作物に関してほかに著作権を有している人(たとえば、二次的著作物の原著作者など)がいるような場合には、著作権を有する全員から利用許諾を得なければならないことになる。

なお、2020年改正により、著作権者から利用許諾を受けた場合、被許諾者は、著作権が譲渡された場合の譲受人などに対しても、利用権を対抗できることとなった(63条の2)。被許諾者による継続的な著作物の利用のために設けられたものであり、対抗にあたり権利登録などの手続は不要である。特許法においても、同様の規定が存在する(特許99条)。

(2)利用許諾の内容

被許諾者は「その許諾に係る利用方法及び条件の範囲内において」著作物を利用する

ことができる(著作63条2項)。つまり利用許諾は、著作権のすべてについて利用を許諾することもあれば、一定の利用行為にかぎって許諾をすることもある。たとえば、複製行為(21条)にかぎり許諾をした場合、被許諾者が翻案行為(27条)をすれば、著作権侵害は成立する。また、法定の利用行為のみならず、より細かい利用条件(たとえば、文庫本での出版、利用回数等)を定めることも契約自由の原則から可能である。

　さらに、利用許諾には、独占的利用許諾と非独占的利用許諾の区別がある。独占的利用許諾の場合には、著作権者は、被許諾者以外の者に利用許諾を行ってはならないという義務を負う。両者の相違は、主に被許諾者に与えられる救済の違いとなって現れてくる。

(3)被許諾者の救済

(a)非独占的利用許諾の場合

　非独占的利用許諾の場合、被許諾者は、著作物を利用できているかぎりは何ら権利を害されているとはいえない。したがって、①第三者が著作権者に無断で利用行為を行った場合や、②第三者が重複して利用許諾を得た場合には、いずれも自己の利用が妨げられないので、第三者になんらかの請求をすることはできない。

(b)独占的利用許諾の場合

　独占的利用許諾の場合、著作権者は被許諾者に対して、独占的に利用させる義務がある。したがって、①第三者が著作権者に無断で利用行為を行っている場合、その侵害を差し止めるのは著作権者の権利であると同時に被許諾者に対する義務となる。また、②第三者に重複して利用許諾を与えた場合は、著作権者の契約違反として被許諾者は損害賠償の請求が可能である。

　では、被許諾者は、第三者に対して直接何か主張できるのであろうか。①の場合は著作権侵害であるから、著作権者の有する差止請求権を債権者代位(民423条)により行使できるとする見解が有力である。②の場合についても、利用権者が独占的地位に基づき取得する利益を「法律上保護される利益」とみて、第三者に対する損害賠償請求を肯定する見解が多い。

(4)設例の検討

　設例においても、α誌は、β誌に対し、それぞれ要件をみたすかぎりで、債権者代位権(民423条)の行使による差止請求や損害賠償請求(民709条)をすることができる。

【2】出版権

> [設例]
>
> 　Aは、ある専門書をわかりやすく漫画化した解説本を、出版しようと思っている。ところが調べてみると、この専門書には出版社Bの出版権が設定されていることが判明した。この場合、出版社Bの許諾を得なければ、解説本を出版することができないのであろうか。

(1)権利の性質

　複製権または公衆送信権を有する者(「複製権等保有者」)は、その著作物の出版・公衆送信を引き受ける者に対して、出版権を設定することができる(著作79条1項)。なお、2014年改正により、電子書籍に対応した出版権の規定が整備された。

　利用許諾の場合には、許諾さえ受ければ、被許諾者は当該著作物の出版・公衆送信を行うことができる。一方で、出版権の場合には、複製権等保有者との間に出版権を設定する契約を結ぶことで、出版権者は、独占的、排他的に出版・公衆送信を行う権利を取得することが可能となる。なお、出版権の設定等は登録することができ、登録によって第三者に対抗可能となる(88条。登録については⑧を参照)。

(2)権利の内容

　出版権の内容は、80条1項の文言上、2つの権利(1号および2号)から構成される。1号は、頒布の目的をもって、著作物を原作のまま印刷その他の機械的または化学的方法(紙媒体やCD-ROM等の方法)により文書または図画として複製する権利を、2号は、原作のまま記録媒体に記録された複製物を用いて公衆送信を行う(インターネット送信等により電子出版する)権利を、それぞれ出版権の内容として規定している。複製権、公衆送信権と比較して権利の内容は限定されており、たとえば著作権者は出版権者の許諾を得ることなく、小説の映画化を行いうる(1号で、出版権の内容は、文書または図画以外として複製する場合には及ばないとされているため)。

(3)出版権者の義務

　出版権の設定を受けた者は、原稿や原作品の引渡しなどを受けた日から6か月以内に対象となる著作物につき出版・公衆送信を行い、慣行に従って出版・公衆送信を行い続ける義務を負う(81条)。

(4)存続期間

　特に設定行為において定めがないかぎり、設定後最初の出版行為等があった日から

3年で消滅する(83条2項)。さらに、著作者の死亡または最初の出版行為等から3年が経過したときは、複製権等保有者は、全集その他の編集物に収録して複製・公衆送信を行うことができる(80条2項)。いずれも著作物の円滑な利用を目的とする規定である。

⑸設例の検討

設例において、Aが出版しようとしているのは、専門書をわかりやすく漫画化した解説本であるから、80条1項1号にいう「原作のまま」の複製にはあたらず、出版権をもつ出版社Bの許諾を得る必要はない。一方、この専門書の翻案権は著作者に留保されているので、解説本を出版するためには専門書の著作者の許諾を得る必要がある。

【3】著作権・著作者人格権の譲渡

著作権は、その全部または一部を譲渡することができる(61条1項)。一部譲渡というのは、複製権や上演権など、一定の利用行為を限定して譲渡する行為をさす。

譲渡の意思表示は民法上の原則どおり、口頭でなすこともでき、場合によっては黙示のものでも足りる。ただし、著作物の利用を正当化するだけであれば、利用許諾があれば足りるので、著作権者に不測の損害を被らせないためには、黙示の意思表示による著作権の譲渡は慎重に認定しなければならない。具体的には、利用許諾にしては対価が不相当に高額であるとか、増刷・再版を重ねているのに印税の支払請求がない等の特別の事情がないかぎり、黙示の意思表示による譲渡があったと認定すべきではない。

また、特徴的な規定として、著作権の譲渡契約においては、翻案権(27条)や二次的著作物の利用権(28条)は、譲渡の目的として特掲しないかぎり、譲渡した者に留保されたものと推定する規定が設けられている(61条2項)。これは、著作者によるその後の創作活動(たとえば、「続編」の制作)を奨励するためである。

著作権の譲渡は、登録により第三者に対抗することができる(77条1項1号)。この点は、不動産取引に関する民法理論と同様である。たとえば、背信的悪意の第三者に対しては、登録なくして著作権の譲渡を対抗することができる。

一方で、著作者人格権は一身専属的な権利であるから、他者に譲渡することができない(59条)。そのため、著作者人格権を行使されないためには、あらかじめ契約等により不行使を定めておく必要がある。

【4】担保設定

著作権は、質権設定の目的(民362条)となる。そこで、著作権法は、著作権者の権

利行使(著作66条 1 項)や物上代位(66条 2 項)、対抗要件としての登録(77条 1 項 2 号)について規定している。実務上は、譲渡担保によることが多いようである。不動産等の担保となりうる資産の少ない情報開発型の企業にとっては、知的財産の担保化は資金調達上重要であり、需要が高い。

7 著作隣接権

[設例]

　著作者Aが作詞作曲し、実演家Bが歌唱し、レコード製作者Cが製作したCDがある。これを第三者が録音しようとする場合、だれの許諾を得る必要があるか。

【1】著作隣接権とは

　著作隣接権は、著作権とは別個独立に(90条)、実演家、レコード製作者、放送事業者、有線放送事業者に付与される権利である。これらの者は、著作物の公衆への伝達において重要な役割を果たし、また著作物の創作に準じた創作的活動を行っているという観点から、保護に値すると考えられるため、権利が付与されている。

　実演家とは、俳優、舞踏家、演奏家、歌手、その他実演を行う者および実演を指揮し、または演出する者をいう(2 条 1 項 4 号)。レコード製作者とは、蓄音機用音盤、録音テープその他の物に固定されている音を最初に固定した者をいう(2 条 1 項 5 号、6 号)。放送事業者とは、公衆によって同一の内容が同時に受信されることを目的と

2-14 著作隣接権

実演家の権利
　氏名表示権、同一性保持権、実演の録音権、録画権、放送権、有線放送権、送信可能化権、商業用レコードの二次使用料請求権、譲渡権、貸与権、貸与報酬請求権、私的録音録画補償金請求権

レコード製作者の権利
　レコードの複製権、レコードの送信可能化権、商業用レコードの二次使用料請求権、譲渡権、貸与権、貸与報酬請求権、私的録音録画補償金請求権

放送事業者の権利
　放送の複製権、再放送権、有線放送権、送信可能化権、テレビジョン放送の伝達権

して無線通信の送信を行うことを業とする者のことをいう（2条1項8号、9号）。有線放送事業者とは、公衆によって同一の内容が同時に受信されることを目的として、有線送信を行うことを業として行う者をいう（2条1項9号の2、9号の3）。

【2】設例の検討

　設例においては、CDには著作権者Aの有する複製権(21条)のほかに、著作隣接権者Bの有する録音権(91条1項)、同じく著作隣接権者Cの有する複製権(96条)が及び、第三者はA、B、C三者の許諾を得る必要がある。ただし、私的な録音であれば、許諾を得る必要はない（Aにつき30条1項、B、Cにつき102条1項・30条1項）。

8 登録制度

　著作権法では、著作者の実名、著作物の第一発行(公表)年月日、著作権、出版権、著作隣接権について、登録制度を定めている（75条から78条まで、88条、104条）。登録とは、当事者の申請または官公署の嘱託によって、文化庁長官が著作権登録原簿、出版権登録原簿または著作隣接権登録原簿にその事実を記載すること、もしくはその原簿上にその事実を記載すること、あるいはその原簿上に記載された内容そのものをいう（78条1項、88条2項、104条、施行令15条、16条）。

　わが国は、著作権の発生に関して無方式主義をとっているので、登録は、著作権の成立要件ではない。しかし、登録は権利変動を第三者に対抗するための要件となっている。なお、プログラムの著作物については、その特殊性から、特別な登録制度が定められている（著作78条の2、プログラムの著作物に係る登録の特例に関する法律）。

9 権利侵害と救済方法

【1】著作権侵害

> ［設例］
>
> 　ア　Aは、猫のキャラクターを独自に作りだして、お客様向けのチラシにこれを掲載して配布したところ、お客様から、このキャラクターは赤塚不二夫の

描いた「ニャロメ」に似ているという指摘を受けた。Aは「ニャロメ」を知らない世代であるし、現にこの指摘を受けて「ニャロメ」を知った次第である。Aは著作権侵害に問われるのであろうか。

- **イ** 最近街中に流れているβ楽曲が、数年前にBがアメリカの会社から著作権を譲り受けて楽譜を出版したα楽曲とよく似ている。β楽曲は、Bが有するα楽曲の著作権を侵害していないであろうか。

- **ウ** Cは理系の研究者である。最近ある学生が提出した学位論文が、Cがかつて発表した研究報告書と酷似しているので学生を問いただしたところ、大部分でCの研究成果を参照したことを認めた。この学生は、Cの研究報告書の著作権を侵害していないだろうか。

(1)著作権侵害

著作権侵害が成立するためには、権利者に無断で、①既存の著作物に依拠して、②これと同一もしくは類似性のある作品を作りだすことが要件となる。（複製権侵害につき〈ワン・レイニー・ナイト・イン・トーキョー事件〉最判昭和53年9月7日民集32巻6号1145頁〔著作権百選42事件〕）。

2−15 著作権侵害の要件

> ①依拠
> ②類似性

★重要判例〈ワン・レイニー・ナイト・イン・トーキョー事件〉（最判昭和53年9月7日民集32巻6号1145頁〔著作権百選42事件〕）

昭和38年頃に発表された「ワン・レイニー・ナイト・イン・トーキョー」という楽曲が、それ以前に発表された楽曲と類似していたため、著作権侵害ではないかが問題となった事件である。最高裁は、著作権侵害となる複製の概念について、「著作物の複製とは、既存の著作物に依拠し、その内容及び形式を覚知させるに足りるものを再製することをいうと解すべきであるから、既存の著作物と同一性のある作品が作成されても、それが既存の著作物に依拠して再製されたものでないときは、その複製をしたことにはあたらず、著作権侵害の問題を生ずる余地はないところ、既存の著作物に接する機会がなく、従って、その存在、内容を知らなかった者は、これを知らなかったことにつき過失があると否とにかかわらず、既存の著作物に依拠した作品を再製するに由ないものであるから、既存の著作物と同一性のある作品を作成しても、これにより著作権侵害の責に任じなければならないものではない」とし、音楽の著作物について偶然に類似する楽曲を作ったとしても、複製権侵害とはならない旨を判示した。

⑵依拠

⒜依拠とは

　著作権侵害が成立するための第１の要件は、既存の著作物に依拠して、新たな著作物を創作することである。典型的には、既存の著作物を参照しながら、その表現を模倣して、自己の作品を作りだす場合がこれにあたる。一方、まったく他人の著作物に依拠することなく著作物を創作した結果、たまたま類似したものができた場合には、依拠の要件をみたさず、著作権侵害の成立が否定される。

　依拠の要件を設ける理由には２つある。１つは、著作権は登録を効力発生要件としない権利であり、登録により権利の存在が公示されないため、かりに独自に創作をした者が、知らないうちに著作権の侵害を問われる可能性があることになると、創作活動に萎縮的効果が生じるからである。もう１つは、多様な作品が生みだされる文化の領域では、他人が創作した著作物とたまたま類似する著作物が創作される事態はそう頻繁にはなく、そのような著作物を放置したとしても著作権者への影響は小さなものにとどまると考えられるからである。

⒝依拠の証明

　依拠の事実を立証することにはかなりの困難が伴う。というのも、複製・翻案の現場をおさえないかぎり、直接証明することはできないからである。この場合、作成者による被害著作物へのアクセス可能性、被害著作物の周知・著名性、作成者による被害著作物の内容の把握の程度、両著作物の内容・表現の共通性、独自製作の能力の有無等の間接事実を用いて立証することになる。

　なお、模倣された場合に依拠の立証を容易にするために、ダミーデータや編集者の名前を潜ませておくことがある。既存の著作物に依拠しないかぎり、これらの事項が共通することは通常考えにくいので、そのことを間接事実として依拠が立証されるのである。

⑶類似性

⒜類似性とは

　著作権侵害が成立するための第２の要件は、既存の著作物と新たな著作物とが類似していることである。著作権法は思想または感情の創作的表現を保護するものであるから、著作権の保護が及ばない範囲（創作性のない表現部分やアイディアにすぎない部分）についてのみ類似性があっても、著作権侵害は成立しない。

　裁判例では、問題となっている作品から元の作品の「本質的な特徴を直接感得できるか否か」を、類似性の判断基準とするものも多いが、いわんとするところは同じであると考えられる。

(b)類似性の判断基準

　類似性の判断基準は、理屈のうえでは以上のとおりである。しかし、現実の事案における類似性の有無の認定には、非常に微妙な判断を要する。

　たとえば、小説のように記述の自由度の高い著作物の場合には、具体的な用語の選択だけでなく、ストーリー展開自体も創作的表現といえる。それでは、どの程度ストーリー展開が類似していれば、類似性が認められるのであろうか。過度に抽象的なレベルで判断する（たとえば、「人が建物に放火したストーリー」という位のレベルで類似していれば侵害となるとする基準）と、容易に類似性が認められてしまうし、過度に具体的なレベルで判断する（たとえば、「金閣寺に奉公する優秀な青年が、学校で勉強せず、成績が低下していることを住職に諭されるが、あいかわらず勉学からは遠ざかり、その一方で金閣寺の魔性の魅力にとりつかれ……ついには金閣寺に放火してしまうストーリー」という位のレベルで類似していてはじめて侵害となるとする基準）と、類似性はほとんど認められなくなってしまう。記述の自由度が高い場合には、類似性の基準をいかに設定するかは難しい問題である。

　それとは反対に、記述の自由度が低いものもある。たとえば、歴史小説や履歴の紹介のような場合には、ストーリー展開は、必然的にかなり具体的なレベルで一致することになる。この場合は、ストーリー展開が類似していても、単なるアイディアの類似にすぎず、類似性を否定することも考えられる。人物等の履歴の紹介であれば、更に自由度は低くなり、独特の言い回しが模倣されるなどのことがないかぎり、類似性は認められないであろう。このように、記述の自由度が低い場合には、類似性の要件が厳しく吟味され、著作権侵害は認められにくいということになる。

　なお、類似性の判断方法として、濾過テストとよばれる方法を用いることが多い。

2-16　濾過テスト

(c)複製・翻案の区別と類似性要件

　複製権侵害にせよ、翻案権侵害にせよ、原著作物の創作的表現を再製することという類似性要件は同じである。あとは変形の程度により、新たな創作性が付与されて二

次的著作物となれば翻案権侵害、そうでなければ複製権侵害となる。

⑷設例の検討

アでは、すでに著作物として存在するものと同じものを偶然創作した場合、著作権侵害に問われるのかが問題となる。著作権侵害が成立するためには、依拠と類似性の要件をみたさなければならない。このケースでは、ニャロメというキャラクターを見たこともないAが猫のキャラクターを作りだしたところ、たまたまニャロメに似ていたというだけなので、依拠の事実を認めることができない。したがって、著作権侵害にはならない。

イは、前掲の判例（〈ワン・レイニー・ナイト・イン・トーキョー事件〉）の事案を簡略化したものである。最高裁は、①β楽曲が作曲された時、α楽曲は国内では専門家または愛好家の一部に知られていたにすぎないこと（周知・著名性なし）、②α楽曲に依拠しなければ作曲できないほどには類似していないこと（表現の共通性が低い）などを理由に、依拠の要件を否定している。

ウはどうであろうか。学生が参照していることを認めている以上、依拠の要件は肯定される。問題は類似性の要件である。Cが発表したような理系の学術論文の場合、同じ内容（アイディア）であれば同じような表現（方程式・図表等）を用いざるをえないことが予想される。かりに類似性を肯定して著作権侵害を認めれば、表現のみならず内容、つまりは学説の独占を認めることになりかねない。したがって、学界での評価は別として、法的判断としては類似性を肯定することがためらわれるケースである。

【2】みなし侵害

さらに、権利者の利益を害する一定の行為については、侵害とみなす旨の規定が設けられている（113条）。

2-17

---

①国内頒布目的での侵害著作物の輸入・知情頒布等（113条1項各号）
②侵害著作物への誘導等を目的とするリンクの提供（113条2項）
③サイト運営者等の知情によるリンク提供の放置行為（113条3項）
④違法作成プログラムの知情による業務上使用行為（113条5項）
⑤アクセスコントロールの回避、回避手段の提供等（113条6項、7項）
⑥権利管理情報の故意改変等（113条8項各号）
⑦国内頒布目的商業用レコードの輸入等（113条10項）
⑧著作者の名誉・声望を害する利用（113条11項）

(1)国内頒布目的での侵害著作物の輸入・知情頒布等(113条1項各号)

113条1項1号は、違法に作成されたいわゆる海賊版の輸入行為を侵害行為とみなしている。そして、113条1項2号は、海賊版を情を知って頒布する行為、頒布する目的をもって所持する行為に加えて、頒布の申出をすること等も侵害行為とみなしている。

(2)侵害著作物への誘導等を目的とするリンクの提供(113条2項)

違法にアップロードされた著作物等へのリンク情報等を集約したウェブサイトやアプリ(いわゆるリーチサイト・リーチアプリ)の運営・提供行為を侵害とみなすものである。インターネット上の海賊版対策の一環として、2020年改正により新たに設けられた。

(3)サイト運営者等の知情によるリンク提供の放置行為(113条3項)

113条2項と同様、インターネット上の海賊版対策のために、2020年改正により設けられた規定である。この規定では、リーチサイト・リーチアプリの提供者が、公衆を侵害著作物に誘導するリンクを、削除できるにもかかわらず、そのまま放置する行為を侵害とみなしている。

(4)違法作成プログラムの知情による業務上使用行為(113条5項)

113条5項は、違法に作成されたプログラムを業務上使用する行為を侵害行為とみなしている。本来、単なる使用行為自体は著作権を侵害する利用行為として著作権法上規定されていないが、プログラムの経済的価値にかんがみ、複製行為等の利用行為がなくとも侵害行為とみなすとされている。

(5)アクセスコントロールの回避、回避手段の提供等(113条6項、7項)

113条6項は、著作物の違法な利用を制限する技術的手段(いわゆるアクセスコントロール)を権限なく回避することを侵害とみなすものである。アクセスコントロールの手段として、シリアルコードを活用したライセンス認証が普及してきたことから、2020年改正により、不正なシリアルコードの提供等も侵害行為とみなされることとなった(113条7項)。

(6)権利管理情報の故意改変等(113条8項各号)

著作権保護のために、電子透かしを用いてライセンス等に関する固有情報をデジタルコンテンツに埋め込み、権利の保護・管理を実現するシステムがある。これらの権利管理情報を改変等する行為自体は著作物の利用行為にはあたらないが、著作権等の保護の実効性を確保するという観点から、権利保護情報の改変等を著作権等の侵害行為とみなすこととしている。

(7)国内頒布目的商業用レコードの輸入等(113条10項)

国外で頒布する目的で生産された商業用レコード(たとえば、アジア諸国で安く販売されている日本のレコード)が日本に還流し、安価に販売されることを防止するために、一定の場合に当該輸入行為等を著作権侵害とみなすこととしたものである。なお、市場における自由かつ公正な競争を阻害するおそれがあるため、知情性等の要件により該当する場合が限定されていることに注意されたい。

(8)著作者の名誉・声望を害する利用(113条11項)

同一性保持権等の著作者人格権の侵害にならないような行為であっても、著作者の「名声又は声望」を害するような行為は著作者人格権の侵害行為とみなされる。たとえば、荘厳な宗教曲をストリップのBGMに利用する行為は、曲そのものに改変を加えていない以上、同一性保持権の侵害にはあたらないが、著作者の「名声又は声望」を害するものとして、著作者人格権の侵害とみなされる。

【3】権利救済制度

> ［設例］
>
> 　Aの著作物の内容を丸々写して、題名・装丁のみを変えただけの図書を、Bが出版する計画があるという情報が入った。Bにおいてすでに図書ができあがっている場合、どのような救済が受けられるか。また、すでに公衆に販売されている場合においてはどうであろうか。

(1)民事上の救済

著作権侵害があった場合の民事上の救済方法としては、以下のものがある。

2-18

①侵害行為の差止請求(112条1項)
＋組成物、作成物等の廃棄請求(112条2項)
②損害賠償請求(民709条等)
③不当利得返還請求(民703条等)
④名誉回復等の措置(著作115条)

(a)権利の侵害主体

図2-18のような民事上の救済手段は、著作者の権利を「侵害する者」(112条1項)や「侵害した者」(民709条)に対してとることができる。もっとも、著作権法や民法に

これらを定義する規定はないため、いかなる者が「侵害する者」等にあたるかは解釈に委ねられている。

　まず、著作者は「権利を専有する」ことから（著作21条等参照）、著作者に無断で、著作権の権利範囲に属する利用行為を物理的に行う者は、著作権を「侵害する者」にあたると解される。

　次に、物理的な侵害主体とは評価しないものの、規範的に評価して侵害主体とみる場合もある。カラオケで客が歌唱する行為について、判例は、客の歌唱行為の主体はカラオケスナックであるとして、経営者の演奏権侵害を認めている（〈クラブキャッツアイ事件〉最判昭和63年3月15日民集42巻3号199頁〔著作権百選81事件〕）。この判例においては、①管理・支配および②利益の帰属という2つの要件をみたす場合には、直接著作権侵害を行っていない者も、規範的にみて著作権侵害の主体になりうるという法理（カラオケ法理）が示された。その後、このカラオケ法理はより一般化されるようになり、「複製の主体の判断に当たっては、複製の対象、方法、複製への関与の内容、程度等の諸要素を考慮して、誰が当該著作物の複製をしているといえるかを判断するのが相当である」とする判例がだされるにいたっている（〈ロクラクⅡ事件〉最判平成23年1月20日民集65巻1号399頁〔著作権百選82事件〕）。また、このような総合的・規範的判断は、クラウドサービスやライブハウスなど、他の分野においても同様になされている（〈まねきTV事件〉最判平成23年1月18日民集65巻1号121頁〔著作権百選83事件〕、〈ライブバー事件〉知財高判平成28年10月19日判例集未登載〔著作権百選86事件〕）。

　なお、侵害主体がだれであるかについては、司法試験でも出題頻度が高い。基本となる判例をしっかりと理解しておくべきである。

★重要判例〈まねきTV事件〉（最判平成23年1月18日民集65巻1号121頁〔著作権百選83事件〕）

　「まねきTV」という名称で実施されているテレビ番組の転送サービスが、放送事業者の送信可能化権と公衆送信権を侵害するとして、差止めおよび損害賠償が請求された事案である。最高裁は、「著作権法が送信可能化を規制の対象となる行為として規定した趣旨、目的は、……現に自動公衆送信が行われるに至る前の準備段階の行為を規制することにある。このことからすれば、公衆の用に供されている電気通信回線に接続することにより、当該装置に入力される情報を受信者からの求めに応じ自動的に送信する機能を有する装置は、これがあらかじめ設定された単一の機器宛てに送信する機能しか有しない場合であっても、当該装置を用いて行われる送信が自動公衆送信であるといえるときは、自動公衆送信装置に当たるというべきである。」「そして、自動公衆送信が、当該装置に入力される情報を受信者からの求めに応じ自動的に送信する機能を有する装置の使用を前提としていることに鑑みると、その主体は、当該装置が受信者からの求めに応じ情報を自動的に送信することができる状態を作り出す行為を行う者と解

するのが相当であり、当該装置が公衆の用に供されている電気通信回線に接続しており、これに継続的に情報が入力されている場合には、当該装置に情報を入力する者が送信の主体であると解するのが相当である。」と判示して差し戻した。

なお、差戻控訴審においては、送信可能化の差止めおよび損害賠償が認められている。

★重要判例〈ロクラクⅡ事件〉（最判平成23年１月20日民集65巻１号399頁〔著作権百選82事件〕）

テレビ番組の転送サービスが、放送事業者の複製権を侵害するとして、放送番組等の複製の差止めと損害賠償を求めたものであり、侵害主体性が争われた事案である。最高裁は、「放送番組等の複製物を取得することを可能にするサービスにおいて、サービスを提供する者……が、その管理、支配下において、テレビアンテナで受信した放送を複製の機能を有する機器……に入力していて、当該複製機器に録画の指示がされると放送番組等の複製が自動的に行われる場合には、その録画の指示を当該サービスの利用者がするものであっても、サービス提供者はその複製の主体であると解するのが相当である。すなわち、複製の主体の判断に当たっては、複製の対象、方法、複製への関与の内容、程度等の諸要素を考慮して、誰が当該著作物の複製をしているといえるかを判断するのが相当であるところ、上記の場合、サービス提供者は、単に複製を容易にするための環境等を整備しているにとどまらず、その管理、支配下において、放送を受信して複製機器に対して放送番組等に係る情報を入力するという、複製機器を用いた放送番組等の複製の実現における枢要な行為をしており、複製時におけるサービス提供者の上記各行為がなければ、当該サービスの利用者が録画の指示をしても、放送番組等の複製をすることはおよそ不可能なのであり、サービス提供者を複製の主体というに十分であるからである。」と判示して、サービス提供者を複製権侵害主体と認定した。

さらに、侵害主体として認定できなかったとしても、特許法における間接侵害（特許101条各号）のように、他人の侵害行為になんらかの関与をする者の責任を問えないかが問題となる。この点については、著作権法上、明文を欠くため、肯定説と否定説とが対立している。

⒝侵害行為の差止請求、組成物・作成物等の廃棄請求

現に侵害行為がなされているか、もしくは、将来侵害行為がなされるおそれがある場合には、差止請求が認められる（著作112条１項）。差止請求の場合には、損害賠償請求と異なり、相手方の故意または過失は必要とされない。さらに、著作者等は、侵害行為を組成した物や侵害行為によって作成された物、侵害行為のために準備された機械等の廃棄を請求することもできる（112条２項）。

なお、判例・裁判例のなかには、前述（⑨【３】⑴⒜参照）のカラオケ法理等により、侵害主体を広く捉えて差止請求を認めることで、著作者等の救済を図っているものがある。

(c)損害賠償請求（民709条等）

　著作権者は、著作権を侵害した者の故意または過失を要件に、その不法行為によって生じた損害の賠償を請求することができる。故意または過失は、差止請求にはない要件である。たとえば、侵害者が過失なく著作権の保護期間が切れていると誤信していた場合、差止請求は可能でも、損害賠償請求はできないことになる。また、損害額の推定や立証の容易化などについても、条文上規定されている（著作114条から114条の8まで）。たとえば、音楽著作物の無断演奏については、JASRACの著作物使用料規定に基づいて算定された額の賠償が命じられることが多いようである。

(d)不当利得返還請求（民703条等）

　著作権の侵害によって侵害者が得た利益は、法律上の原因のないものであり、不当利得にあたる。通常は、不法行為に基づく損害賠償請求と重なるものである。

　ただし、損害賠償請求権は、損害および加害者を知った時から3年間行使しなければ時効消滅する（民724条）のに対し、不当利得返還請求権は権利行使が可能であることを知った時点から5年間、または、権利行使可能な時点から10年間は消滅時効にかからないので（民166条1項）、損害賠償請求権が時効消滅してしまった場合には不当利得返還請求権の行使に独自の意義が認められる。なお、侵害行為を知った時から3年未満の場合には、損害額の推定規定がある不法行為による損害賠償請求をするのが通常である。

(e)名誉回復等の措置（民723条）

　謝罪広告や関係者への通知等の措置を請求することである。著作権侵害でこれが認められることはまれである。一方、著作者人格権を侵害された場合には、特に規定があり（著作115条）、認められた例も多くある。

(2)刑事罰

　故意に著作権・著作隣接権等を侵害した者は、最高で10年以下の懲役または1000万円以下の罰金あるいはそれらの併科に処せられる（119条1項）。著作者人格権侵害については119条2項に定めがある。著作権侵害であって、法人の業務に関する場合には、当該法人にも最高3億円の罰金が科される（124条1項）。

2-19

①自然人：懲役なら最高で10年、罰金なら最高で1000万円
②法　人：最高で3億円の罰金

　著作権侵害は一部を除き親告罪となるので（123条1項）、被害者が犯人を知った日から6か月以内に（刑訴235条1項本文）告訴をしなければ、刑事罰は科されない。

(3)設例の検討

設例においては、原稿等からAの著作権(複製権、出版権)を侵害する図書の出版計画が判明すれば、著作権法112条1項により差止請求が可能である。そして、Bにおいてすでに図書ができあがっているのであれば、112条2項によって、廃棄を請求することもできる。

また、すでに丸写し図書が販売されてしまっている場合には、Bに故意または過失があるかぎり、そのためにAの著作物が売れなくなったことにより被った損害の賠償を請求することができる。

10 著作物の利用に関する集中処理・裁定制度

【1】著作権等の集中処理

2-20 著作権関係団体

種 類	団 体 名
著作物全般	著作権情報センター(CRIC)
文芸	日本文藝家協会(JWACC)
脚本	日本脚本家連盟、日本シナリオ作家協会
音楽	日本音楽著作権協会(JASRAC)
レコード	日本レコード協会(RIAJ)
実演	日本芸能実演家団体協議会(芸団協)、実演家著作隣接権センター(CPRA)
放送	日本放送協会(NHK)、日本民間放送連盟(JBA)
ソフトウェア	コンピュータソフトウェア著作権協会(ACCS)、ソフトウェア情報センター(SOFTIC)
ビデオ	日本映像ソフト協会(JVA)
出版	日本書籍出版協会(JBPA)
文献複写	日本複製権センター(JRRC)
美術	日本美術家連盟(JAA)
写真	日本写真著作権協会(JPCA)
教育映画	映像文化製作者連盟(映文連)
私的録音補償金	私的録音補償金管理協会(sarah)

著作権は著作物の利用に関する許諾権であり、著作権者は、著作物が利用されるたびに対価を交渉し、許諾するか否かを決定することができる反面、許諾を求められた場合には一々対応しなければならないことにもなる。これでは、創作活動には秀でていても、著作権の管理には必ずしも長けているといえないような著作権者にとっては、かえって負担となってしまう。また、著作物の利用者にとっても、法定の利用行為をしようとするたびに、著作権者の連絡先を訪ねて許諾を得るのは大変である。もし、著作権者の委託を受けて使用料を徴収する団体があれば、著作権者・利用者双方にとって便利である。そこで、著作権等管理事業法は、このような業務を行う事業者について定めている。

【2】著作物の利用に関する裁定制度

著作権者がいるために、対価の回収という目的を超えて著作物の利用が阻害されるという事態は、著作権法の趣旨には合致しない。そこで法は、以下の場合に、文化庁長官の裁定を受けて相当額の補償金の供託・支払を条件に、著作物の利用を許す制度を用意している(強制許諾制度)。

①公表された著作物または相当期間公衆に提供され、もしくは提示されている事実が明らかな著作物で、著作権者の不明その他の理由により相当な努力を払ってもその著作権者との連絡がつかない場合(67条1項)

②公表ずみの著作物を放送事業者が放送しようとする場合で、著作権者との協議が成立しなかった場合(68条1項)

③販売開始後3年が経過した商業用レコードに録音されている音楽の著作物を録音して商業用レコードを製作する場合であって、著作権者との協議が成立しなかった場合(69条)

11 パブリシティ権

[設例]

以下の場合に、法的な問題はないか。

ア　誠実な人柄で知られるプロ野球選手Aのイラストを、顧客用説明資料の表紙に使用した。自分でイラストを描いたので、Aの許諾はとっていない。

【1】パブリシティ権

パブリシティ権とは、芸能人やスポーツ選手が、その氏名、肖像等が有する経済的価値である顧客吸引力を、排他的に支配する権利のことである。人格権に由来する権利であり、法律上ではなく、判例上認められてきた（〈ピンク・レディー事件〉最判平成24年2月2日民集66巻2号89頁〔商標・意匠・不正競争百選117事件〕）。

もっとも、パブリシティ権を認めるといっても、芸能人は、その人気や著名性を獲得するにはマスメディアによる紹介に大きく依存しているし、また、芸能人の氏名、肖像を利用することは、言論、出版、報道の自由として本来許されるものであるから、一定の場合には、氏名、肖像等の使用は認容されるべきである。判例は、パブリシティ権を侵害するものとして、不法行為上違法になるのは、「①肖像等それ自体を独立して鑑賞の対象となる商品等として使用し、②商品等の差別化を図る目的で肖像等を商品等に付し、③肖像等を商品等の広告として使用するなど、もっぱら肖像等の有する顧客吸引力の利用を目的とするといえる場合」にかぎられるとしている（〈ピンク・レディー事件〉）。

★重要判例〈ピンク・レディー事件〉（最判平成24年2月2日民集66巻2号89頁〔商標・意匠・不正競争百選117事件〕）

女性デュオ「ピンク・レディー」として活動していた原告らが、「ピンク・レディー」の写真を同人らに無断で週刊誌に掲載した被告に対し、パブリシティ権が侵害されたとして、不法行為に基づく損害賠償を求めた事件である。最高裁は、「肖像等は、商品の販売等を促進する顧客吸引力を有する場合があり、このような顧客吸引力を排他的に利用する権利（以下『パブリシティ権』という。）は、肖像等それ自体の商業的価値に基づくものであるから、上記の人格権に由来する権利の一内容を構成するものということができる。他方、肖像等に顧客吸引力を有する者は、社会の耳目を集めるなどして、その肖像等を時事報道、論説、創作物等に使用されることもあるのであって、その使用を正当な表現行為等として受忍すべき場合もあるというべきである。そうすると、肖像等を無断で使用する行為は、①肖像等それ自体を独立して鑑賞の対象となる商品等として使用し、②商品等の差別化を図る目的で肖像等を商品等に付し、③肖像等を商品等の広告として使用するなど、専ら肖像等の有する顧客吸引力の利用を目的とすると

いえる場合に、パブリシティ権を侵害するものとして、不法行為法上違法となると解するのが相当である」としたうえで、写真の掲載はもっぱら原告らの肖像の有する顧客吸引力の利用を目的とするものとはいえないとして、不法行為責任を否定した。

【2】 物のパブリシティ権

著名人だけでなく、動物などの物についてもパブリシティ権が認められるかが問題となるが、判例はこれを明確に否定している（〈ギャロップレーサー事件〉最判平成16年2月13日民集58巻2号311頁〔商標・意匠・不正競争百選118事件〕）。

> ### ★重要判例〈ギャロップレーサー事件〉（最判平成16年2月13日民集58巻2号311頁〔商標・意匠・不正競争百選118事件〕）
>
> 著名な競走馬の名前を使用したゲームソフトを作成、販売する者に対して、競走馬の所有者が、競走馬のパブリシティ権を侵害するとして、ゲームソフトの作成、販売差止めおよび損害賠償を求めた事案である。最高裁は、「競走馬等の物の所有権は、その物の有体物としての面に対する排他的支配権能であるにとどまり、その物の名称等の無体物としての面を直接排他的に支配する権能に及ぶものではないから、第三者が、競走馬の有体物としての面に対する所有者の排他的支配権能を侵すことなく、競走馬の名称等が有する顧客吸引力などの競走馬の無体物としての面における経済的価値を利用したとしても、その利用行為は、競走馬の所有権を侵害するものではないと解すべきである（〔最判昭和59年1月20日第2小法廷判決・民集38巻1号1頁〕参照）。
>
> 「現行法上、物の名称の使用など、物の無体物としての面の利用に関しては、商標法、著作権法、不正競争防止法等の知的財産権関係の各法律が、一定の範囲の者に対し、一定の要件の下に排他的な使用権を付与し、その権利の保護を図っているが、その反面として、その使用権の付与が国民の経済活動や文化的活動の自由を過度に制約することのないようにするため、各法律は、それぞれの知的財産権の発生原因、内容、範囲、消滅原因等を定め、その排他的な使用権の及ぶ範囲、限界を明確にしている。
>
> 上記各法律の趣旨、目的にかんがみると、競走馬の名称等が顧客吸引力を有するとしても、物の無体物としての面の利用の一態様である競走馬の名称等の使用につき、法令等の根拠もなく競走馬の所有者に対し排他的な使用権等を認めることは相当ではなく、また、競走馬の名称等の無断利用行為に関する不法行為の成否については、違法とされる行為の範囲、態様等が法令等により明確になっているとはいえない現時点において、これを肯定することはできないものというべきである。したがって、本件において、差止め又は不法行為の成立を肯定することはできない。」と判示して、差止めおよび不法行為の成立を否定した。

【3】 設例の検討

アにおいては、まず実演家の著作隣接権による保護（89条以下）を受けるかが問題と

なるが、「実演」はショー的なものとして行う場合をいうので、スポーツ競技は実演にあたらず、Aは保護されない。また、その人柄に着目した顧客用説明資料への使用であるため、名誉権等の人格権侵害も考えにくい。

そこで、パブリシティ権の侵害を理由に、Aを救済できないかが問題になる。設例においても、顧客用資料に使用する以上、Aの肖像がもつ顧客吸引力を利用する目的であったと認められやすいと思われる。よって、たとえイラストであっても、Aの許諾をとったほうがよいと考えられる。

イにおいては、まず、写真の著作物の複製権およびBの肖像権を侵害することになる。また、もっぱらBの肖像がもつ顧客吸引力を利用していると考えられるから、パブリシティ権の侵害にもなりうる。有名人の写真の使用には、十分な注意が必要である。

ウにおいては、まず、競走馬は著作物ではないから、名前と写真付きのトレーディングカードを作ったとしても、著作権を侵害することはない。また、有体物を写真撮影したとしても、物の所有権を侵害することにはならないから、この点も問題はない（〈顔真卿自書建中告身帖事件〉）。さらに、物のパブリシティ権は判例上否定されているので、不法行為が成立することもない。もっとも、法的トラブルになるのを避けるために、競走馬の所有者と、競走馬の名称や肖像の使用を許諾する契約を結んだほうがよいと思われる。

12 著作権法のまとめ

[設例]

　作曲家であるAは、楽曲αを作曲した。αは、人気歌手が歌唱し、人気アニメ映画の主題歌になったことから、世間的にかなりの人気を博している。Bは、αが人気になったことから、自身のアレンジを加えて発表することにより収入を得ようと考え、αをピアノでアレンジして（Bがアレンジしたものをβとする）、多くの人が閲覧することのできる動画投稿サイトに投稿した。Aは、この事実を知り、Bの行為がAの著作権を侵害するのではないかと考えるにいたった。Bの行為は、著作権の侵害とならないだろうか。

【1】 総論

②【1】で述べたとおり、著作権法による保護を受けるためには、楽曲αが著作物でなければならない。そのため、著作権侵害の有無を判断するにあたっては、まず、著作物性の有無を論じる必要がある。

次に、Bの行為が著作権・著作権侵害となるためには、侵害行為の存在が必要となる。Bがαをアレンジしてβを創作した行為、さらには、βを動画投稿サイトに投稿した行為が侵害行為にあたるかが問題となろう。

【2】 著作物性の有無(②【1】参照)

著作物にあたるためには、①思想または感情の表現であること、②表現に創作性があること、③文芸、学術、美術または音楽の範囲に属するものであること、の3つの要件をみたす必要がある。αはAの精神活動の結果生みだされたものであるから思想または感情の表現であることに間違いはなく、また、音楽の範囲に属することも問題はない。αがありふれたメロディーやリズム、ハーモニーなどから構成されていないかぎり、表現に創作性があるとして、αは著作物にあたると考えられる。

αが著作物にあたる場合、αを創作したAは「著作者」となり(③【1】参照)、著作財産権および著作者人格権が発生する。

【3】 侵害行為の有無

著作財産権の侵害について、Bがαをアレンジして動画投稿サイトに投稿した行為は編曲権(27条)、公衆送信権(23条)の侵害とならないだろうか。侵害といえるためには①依拠性、②類似性が必要となる(⑨【1】参照)。

Bは、αの人気に便乗してアレンジを行っており、原曲であるαに依拠していることは問題がない。類似性については、Bのアレンジの程度にもよるが、基本的にαのメロディーやハーモニーなどをそのまま利用していると考えられるから、認められると考えられる。さらに、それに加えて、アレンジを加えることによりBはαに更なる創作性を付与したものと考えられる。そのため、Bがαにアレンジを加えてβを生み出した行為は編曲権侵害となるだろう。

また、βを動画投稿サイトにアップロードした行為は、公衆送信権の侵害になると考えられる。

著作者人格権の侵害については、Bが動画にAの名前を適切な方法により表示しなければ氏名表示権、アレンジの程度によっては同一性保持権の侵害になりうる。

なお、動画投稿サイトのなかには著作権管理団体と包括的許諾契約を締結している

ものもある。すなわち、投稿者の代わりに、動画投稿に際しての著作物の利用に関する包括的な許諾を得ているということである。そのような動画投稿サイトへの投稿であれば、著作権侵害は原則として問題とならない。侵害行為の有無を判断するにあたっては、この点にも注意する必要がある。

　また、動画投稿サイトの運営者・管理者などは、自身が動画を投稿する場合でなくても、侵害行為の主体として責任を問われる場合がある（著作権を侵害する動画がサイトにアップロードされていることを知りながらあえて放置したなどの事情がある場合など。知財高判平成22年9月8日判時2115号102頁参照）。サイトを運営・管理する側としては、著作権を侵害する動画などに対して、適切な処置をとらなければならないだろう。

第**3**章

意匠法

1 意匠制度の意義

> ［設例］
>
> 　インテリアデザイナーのAは、新商品の椅子を売りだそうと考えている。特別な機能があるわけではないのだが、SF映画にでてくるような近未来的なデザインがセールスポイントである。このようなデザインについて、意匠法による保護を受けられないだろうか。

　特許法や実用新案法と同様、意匠法の目的は「産業の発達に寄与すること」（1条）にある。

　しかし、特許法・実用新案法が発明や考案といった技術的思想を保護する一方、意匠法は工業製品のデザイン、つまり意匠の創作を保護する。これは、優れたデザインが市場に流通すれば、需要者の満足度が高まり、生産が拡大され、結果として産業の発達に寄与するためである。設例における椅子のデザインも、意匠法によって保護されることになる。

　意匠法はデザインを直接的に保護するものであるが、意匠法以外の法律によって、デザインが間接的に保護される場合はある（商標法によって保護された例：〈ルイ・ヴィトン事件〉大阪地判昭和62年3月18日無体裁集19巻1号66頁）。

　また、1つの製品が意匠法でも他の知的財産法でも保護される場合もある（意匠法と実用新案法により保護された例：〈コニカ使い捨てカメラ仮処分事件〉東京地決平成12年6月6日判時1712号175頁）。

2 意匠登録を受けるための要件

　発明が特許を受けるためにはいくつかの要件をみたさなければならなかったように、意匠について意匠登録を受けるためには、次のような要件をみたさなければならない。

3-1　意匠登録を受けるための要件

> ①意匠法上の「意匠」にあたること
> ②工業上利用しうること（工業上の利用可能性）
> ③新しいこと（新規性）
> ④容易に考えだすことができないものであること（創造非容易性）
> ⑤先願であること
> ⑥公益に反しないこと

　一見してわかるとおり、おおよそ特許の場合と同じである。ただし、これを意匠に引き直した場合についてのイメージを把握するためにも、以下でこれらの要件をひとつずつみていく（詳細については、特許庁の「意匠審査基準」参照）。

【1】意匠法上の「意匠」

> ［設例］
>
> 　次のもののデザインは、意匠法上の「意匠」にあたるだろうか。
> **ア**　空に打ち上げられた花火
> **イ**　電気掃除機の吸い込み口
> **ウ**　顕微鏡を用いれば見えるIC（半導体集積回路）のレイアウト
> **エ**　ハンカチ売り場のハンカチを、販売促進のため花の形に折って陳列した場
> 　　合の、その形

　意匠法2条1項によれば、「意匠」とは、物品や建築物の形状等（形状、模様・色彩もしくはこれらの結合）または画像であって、視覚を通じて美感を起こさせるものをいう。2019年以前は、保護対象が物品にかぎられていたが、同年の改正により、建築物や画像のデザインについても意匠登録が可能となった。

　意匠であるといえるためには、①物品等にかかるものであること、②視覚を通じて美感を起こさせるものであること（視覚性および美感性）、③形状・模様・色彩または

これらの結合であること(形態性)、が要件となる。そこで、以下これらをひとつずつ説明していく。

(1) 物品等にかかるものであること

意匠は物品、建築物または画像にかかるものでなければならない。ここにいう物品とは、流通性のある有体物たる動産と解されている。したがって、たとえば文章作成ソフトの文字フォントのような有体物ではないデザインや、マグカップの持ち手のような独立に取引の対象とならない物品の一部分は物品にあたらず、意匠とはいえない(もっとも、マグカップの持ち手は部分意匠制度による保護対象となりうる)。

(2) 視覚を通じて美感を起こさせるものであること(視覚性・美感性)

視覚性は、全体の形状等を視覚によって認識できることをいう。聴覚により美感を起こさせる音楽や、あまりに微細で肉眼で認識できない粒状物の粒、外部から把握できない機械の内部構造は、意匠としては保護されない。

美感性については、美術品に求められるような美学上の美を要求するものではなく、なんらかの美感を生じさせるものであれば足りるとされている。特許庁の意匠審査基準では、機能・作用効果を主目的としたもので美感をほとんど起こさせないものや、意匠としてまとまりがなく、煩雑な感じを与えるだけで美感をほとんど起こさせないものは、美感性の要件をみたさないとされている。

(3) 形状・模様・色彩またはこれらの結合であること(形態性)

意匠は物品の形状、模様もしくは色彩またはこれらの結合でなければならないとされている。また、文言上は模様、色彩自体も保護されるとも思われるが、形状をもたない物品は存在しえないため、模様のみ、色彩のみの意匠は認められない。他方、形状のみの意匠については、従来から意匠登録出願が認められている。

(4) 設例の検討

以上を設例にあげたものについてみていくと、まず、ア花火は物品、建築物、画像のいずれにもあたらないので「意匠」にあたらない。他方、イ電気掃除機用吸い込み口は、掃除機という完成品の一部品だが、独立して取引対象になりうるから、物品といえる。また、美感性の有無も問題となるが、純粋に技術的効果のみ有する物でないかぎり肯定の余地があるため、結局「意匠」たりうる。次に、ウICのレイアウトは肉眼では認識できないから、視覚性を欠き、「意匠」とならない。もっとも、「半導体集積回路の回路配置に関する法律」による保護を受けることができる。最後に、エハンカチの形は、ハンカチという物品自体の形状ではないため、形態性を欠き、「意匠」とは認められない。ただし、ハンカチとしてではなく花の形の置物としてならば、置物という物品自体の形状として、「意匠」となりうる。

【2】工業上利用しうること（工業上の利用可能性）

> ［設例］
>
> 　次のデザインは、いずれも物品であり、視覚性や美感性といった「意匠」の要件は備えていると思われるが、意匠登録を受けることはできるだろうか。
> 　**ア**　モネの名画「睡蓮」
> 　**イ**　蝶の標本
> 　**ウ**　職人が1つずつ手作りしている日本人形

　意匠登録を受けることのできる意匠は、「工業上利用することができる意匠」、つまり量産されるものであることを要する（3条1項柱書）。意匠法が、「産業の発達に寄与」することを目的としているため、保護の対象となる意匠も量産が可能であることが求められるのである。特許の登録要件でいう産業上の利用可能性に相当する。

　したがって、小説や絵画などの著作物、自然物（観葉植物など）は意匠とならないが、工業的に量産されるかぎり、機械生産によるものか手工業生産によるものかは問われない。

　このことからすれば、設例にあげたもののうち、**ア**著作物であるモネの「睡蓮」や、**イ**自然物をそのまま用いている蝶の標本について意匠登録を受けることはできないが、**ウ**手工業生産される日本人形は意匠登録を受けることができる。

【3】新しい意匠であること（新規性）
(1)原則

> ［設例］
>
> 　Aは、自己の創作したソファーのデザインについて、意匠登録を受けようと計画していた。ところが、イタリアの雑誌に非常によく似たソファが載っているのを見つけてしまった。決して模倣をしたわけではなく、また日本ではだれも知らないデザインなのだが、意匠登録を受けることはできないのだろうか。

(a)概要

　新規性のない意匠、つまり意匠登録出願前に公然と知られた意匠や刊行物等に記載

されるなどした意匠は、登録を受けることができない（3条1項1号、2号）。これらに類似した意匠も同様である（3条1項3号）。特許権とは異なり、類似した意匠の存在によっても、新規性が失われる可能性があることに注意が必要である。創作者にとってみれば新しい創作であっても、客観的に新規といえるものでなければ、社会に新たな価値を提供するものではなく、意匠法による保護を与える必要がないから、という特許法の場合と同様の考慮による。

特許法の場合と同じく、新規性の判断は意匠登録出願時を基準とする。また、判断の資料には、日本国内のみならず外国の資料も含む。

3-2 新規性の失われる場合

①意匠登録出願前に、公然知られた意匠（1号）
②意匠登録出願前に、頒布された刊行物に記載された意匠または電気通信回線を通じて公衆に利用可能となった意匠（2号）
③①や②の意匠に類似する意匠（3号）

3条1項3号における類否判断と、意匠権侵害訴訟における23条の類否判断は同じであると解されているところ（〈可撓伸縮ホース事件〉最判昭和49年3月19日民集28巻2号308頁〔商標・意匠・不正競争百選55事件〕）、意匠の類否は物品および形態の類否によって判断される。その際には、意匠全体を観察し、取引者・需要者のもっとも注意を引きやすい部分を意匠の要部として認定し、登録意匠と問題となっている意匠の要部が共通しているかどうかにより判断すべきとされる（〈自走式クレーン事件〉東京高判平成10年6月18日知的裁集30巻2号342頁）。

3-3 意匠の類似・非類似

形態＼物品	同一	類似	非類似
同一	同一の意匠	類似の意匠	非類似の意匠
類似	類似の意匠	類似の意匠	非類似の意匠
非類似	非類似の意匠	非類似の意匠	非類似の意匠

(b)設例の検討

設例では、Aの意匠は日本でなくイタリアの雑誌に掲載されただけだが、新規性判断の資料には外国の資料も含むので、イタリアの雑誌も資料となる。そして、Aの意匠とイタリアの雑誌の意匠は、同じソファーについてのものであり、物品の用途・機能は同一といえる。また、非常によく似たソファーであれば、形態は少なくとも類似

していると思われる。したがって、Aの意匠は、イタリアの雑誌の意匠と同一または類似の意匠であり、新規性がないので意匠登録を受けることはできない。

⑵例外

> ［設例］
>
> 　Aは、ソファーの意匠登録を諦めて、展示会に出品して好評を博し商品化が決まったテーブルの意匠登録を試みることにした。ところがよく考えてみると、このテーブルのデザインは、展示会にだしたことで「公然知られた」意匠になったとも思われる。このような意匠も新規性を否定されるのだろうか。

　新しいデザインの商品を開発する際には、展示会に出品したり、モニター調査をしたりして売れ行きの予測をすることが少なくない。そこで、意匠については、特許よりもゆるやかに新規性喪失の例外が認められている（4条）。この例外規定の救済を受けるためには、新規性を喪失した日から1年以内に出願手続をしなければならない。

3-4　新規性喪失の例外

①意匠登録を受ける権利を有する者の意に反して新規性を失った場合（1項）
②意匠登録を受ける権利を有する者の行為に起因して新規性を失った場合（2項）

　設例でも、Aの意匠が新規性を喪失したのは、意匠登録を受ける権利を有するA自身が展示会への出品という行為をしたことに起因している。したがって、このときから1年以内に意匠登録出願をすれば、新規性を否定されず（4条2項）、登録を受けることができる。

【4】容易に創作できない意匠であること（創作非容易性）

> ［設例］
>
> 　函館で菓子の製造販売をしているAが、五稜郭を模した五稜郭クッキーについて、意匠登録を受けようと思い立った。認められるだろうか。

　意匠法は、意匠登録出願前に、その意匠の属する分野における通常の知識を有する者が、公然知られ、頒布された刊行物に記載され、または電気通信回線を通じて公衆

に利用可能となった形状等・画像に基づいて容易に創作をすることができた意匠について、意匠登録を受けることができないと定めている（3条2項）。刊行物やインターネット上で公開されているデザインに基づいて容易に創作できる意匠には、意匠法で保護するだけの創作価値が認められないためである。

ここでいう「その意匠の属する分野」とは、その意匠にかかる製品を製造したり販売したりする業界をいう。「通常の知識を有する者」（当業者）とは、その業界の平均的なデザイナーをいうものと解される。どのようなものが容易に創作できる意匠とされるかについて、特許庁の意匠審査基準は、意匠の構成要素の一部を他の一部に置き換えたもの、複数の公知の意匠を当業者にとってありふれた手法により寄せ集めたにすぎない意匠、自然物や公知の著作物や建造物の形状をほとんどそのまま表したにすぎない意匠などをあげている。

設例の五稜郭クッキーは、公知の建造物たる五稜郭の形状をそのまま模しただけであるから、創作非容易性を否定され、Aは意匠登録を受けることができない。

なお、判例は、意匠登録要件である3条1項（新規性）と3条2項（創作非容易性）の関係について、前者は「一般需要者の立場からみた美感の類否を問題とする」のに対して、後者は「社会的に広く知られたモチーフを基準として、当業者の立場からみた意匠の着想の新しさないし独創性を問題とする」としている。そのうえで、新規性における類似性の判断と、創作非容易性の判断は必ずしも一致するものではないから、意匠的効果が異なるため類似意匠とはいえないが、創作容易性は認められる場合もありうるとしている（可撓伸縮ホース事件参照）。

【5】 先願の意匠であること

特許法（特許39条）と同じく意匠法も先願主義を採用している（意匠9条）。複数の出願が同日に行われたときの処理も、特許法（特許39条2項）におけるのと同様の規定が設けられている（意匠9条2項）。

【6】 不登録事由（5条）

［設例］

電気コネクターの形状はJIS規格によって定められているが、このようなものについても、意匠登録を受けられるか。

意匠法3条の要件をみたす意匠であっても、公益的な理由から登録を受けられない場合がある（5条1号から3号まで）。以下、これにあたる事由を概説する。

(1)公序良俗を害するおそれがある意匠(1号)

公序良俗に反する意匠は、社会に価値をもたらすどころか、逆に害悪をもたらすため、登録を受けられない。公の秩序を害する例としては各国の元首の像が、善良の風俗を害する例としてはわいせつ物があげられる。

(2)他人の業務にかかる物品等と混同を生ずるおそれがある意匠(2号)

他人の著名な標章やこれと紛らわしい標章を表した意匠は、他人の業務にかかる物品等であると混同を生じるおそれがあるので、登録を受けることができない。

(3)物品の機能確保、建築物の用途に不可欠な形状のみからなる意匠、画像の用途に不可欠な表示のみからなる意匠(3号)

これらの意匠に意匠権が設定されると、第三者による同様の機能を有する物品等の実施を困難にしてしまい、かえって産業の発展を妨げることになりかねないため、設けられた規定である。同様の機能・用途を確保できる代替的な形状等がほかに存在しない場合や、公的な標準化機関により規格化された形状等のみを用いる場合がこれにあたる。

(4)設例の検討

設例の電気コネクターのように形状、寸法が規格化されているものは、物品の機能確保に不可欠な形状のみからなる意匠といえる。したがって、5条3号に該当し、意匠登録は受けられない。

3 登録手続

意匠権は、特許庁で登録を受けることによって発生する権利である。意匠登録を受けるためには、特許庁に意匠登録出願をして審査・登録を受けなければならない。以下では登録手続の概要を説明する。

> **審査主義**
>
> 審査主義とは、登録を受けるための要件をみたしているかを特許庁が審査し、登録要件に違背しないものについて登録を認め、権利を設定するという主義をいう。わが国では、特許法や商標法と同じく、意匠法についても審査主義を採用している。しかし、意匠については、実体要件の審査をしない無審査主義を採用する国が少なくない。

【1】 出願資格者

> [設例]
>
>   A社の新商品を、従業員Bがデザインした。このとき、意匠登録の出願をすることができるのは、A社とBのいずれであろうか。

　出願資格者についても、考え方は特許法と同じである。すなわち、意匠登録を受ける権利は、自然人である創作者が原始的に取得する(3条1項柱書)。この権利は譲渡することができる(15条2項・特許33条1項)。そして、創作者または意匠登録を受ける権利の承継人(法人でもかまわない)が、意匠登録を出願することのできる者となる。なお、公務員や会社員が職務として行った意匠の創作(職務創作)については、使用者に通常実施権が認められる(意匠15条3項・特許35条1項)。

　設例では、創作者は従業員Bである。したがって、意匠登録の出願ができるのは、原則としてBとなる。ただし、A社はBから権利を譲り受ければ、みずから意匠登録出願をすることができる。また、そうでない場合にも、通常実施権をもつことになる。

【2】 出願の方法

　意匠の登録を受けるためには、①創作者や出願人の氏名など必要事項を記載した願書を特許庁に提出しなければならない。また、添付書類として、②図面を添付しなければならない(意匠6条1項)。ただし、図面については、一定の場合に写真・ひな形・見本の提出をもって代えることが認められている(6条2項)。さらに、出願人は任意に特徴記載書を提出することもできる(意匠施規6条)。出願は、書面による方法のほか、特許と同様にオンライン出願の方法をとることも可能である。

　意匠登録出願は、経済産業省令で定めるところにより、意匠ごとにしなければならない(一意匠一出願の原則、意匠7条)。そして、出願手続を簡素化する必要があることから、2019年改正において、複数の意匠にかかる意匠登録出願を1つの願書により一括出願することも可能となった。

【3】 審査の流れ

⑴概要

　意匠登録の出願においては、原則としてすべての出願が審査され、登録に必要な要件をみたしているかどうかの判断を受ける。

審査の流れも、おおよそは特許法と同じである。そこで、ここでは簡単な説明にとどめる。審査には、方式審査と実体審査の2種類がある。方式審査は、出願書類が形式的・手続的な要件を具備しているかをチェックするものである。不備があると、指定期間内に補正するよう命じられる。実体審査は、意匠登録の中身をチェックするものである。意匠登録の要件をみたしていないと判断されると、拒絶理由が通知される。これに対して出願人は、補正（60条の24）、出願の分割（10条の2）や出願の変更（13条、13条の2）といった手段を用いて、問題の解決を図ることになる。

(2)早期審査

意匠登録においては出願公開がされないものの、出願から登録までの間に模倣が発生することは珍しいことではない。このような場合、出願人としては、意匠を緊急に権利化して侵害を排除する必要がある。そこで、早期審査制度が設けられている。なお、「意匠登録出願の早期審査及び早期審理のためのガイドライン」によれば、2019年改正により新たに保護対象とされた建築物、画像、内装にかかる意匠については、当面、早期審査の対象外となる。

【4】登録

> ［設例］
> 　A社が、新商品の意匠について、意匠登録の出願をしてから販売を開始した。ところが、意匠登録を受ける前に、B社がよく似たデザインの商品の販売を開始してしまった。A社はどのような対策をとることができるだろうか。

(1)概要

意匠権は、設定登録により成立し（20条1項）、原則として出願日から25年間存続する（21条1項）。意匠は、流行に左右されやすくライフサイクルが短いものもあるとの考慮から、1年分の登録料の納付があれば設定登録がなされる。この点、3年分の特許料・登録料の納付を要する特許法・実用新案法と異なっている。

意匠の設定登録がされると、その内容が意匠公報に掲載される（20条3項）。意匠公報は、特許でいう特許公報にあたる。意匠権者の氏名、住所、出願年月日、登録番号、登録日などの形式的事項と、意匠を表した図面、写真などの実体的事項が掲載される。ただし、後述する秘密意匠（ 6 【5】参照）については、一定の期間、実体的事項が掲載されず、形式的事項のみが掲載される。

⑵登録料

意匠権の登録料は42条に規定されている。特許の場合と同じく、金額は段階的に高くなる。

⑶設例の検討

以上のように、意匠権は登録により発生するので、設例のA社が、意匠登録を受ける前に、B社に対して意匠権侵害を理由に販売差止めなどを請求するといった対策をとることはできない。もっとも、B社の製品が模倣品、いわゆるデッドコピーであれば、不正競争防止法による保護を受けるという対策が考えられよう。

これに対し、意匠の登録後であれば、A社はB社に対して意匠権侵害として後述するような請求をすることができる（④【3】参照）。

【5】 拒絶査定を受けた者の主張

意匠登録を拒絶する旨の査定を受けた者は、特許庁に、査定の謄本の送達があった日から3か月以内に拒絶査定不服審判を請求することができる（46条1項）。

審判の結果、拒絶査定すべきでなかったとの判断がなされた場合には、登録すべきとの審決（50条2項本文・18条）または再度審査をするべきとの審決（50条2項ただし書、52条・特許160条1項）がされる。他方、やはり拒絶すべきであるとの判断がなされた場合には、審判請求不成立の審決がなされる。審判請求が不成立であるとの判断がなされ、これに不服ある当事者は、東京高等裁判所に審決取消訴訟を提起することができ（意匠59条1項）、その特別の支部である知的財産高等裁判所が事件を取り扱う（知財高裁2条2号）。

【6】 登録を受けた意匠権者に対する第三者の主張

登録拒絶理由があるため本来登録されるべきでない意匠が登録されたり、後発的に意匠の登録が無効となる場合、原則として何人も、意匠登録無効審判を請求することができる（意匠48条）。

無効理由は、原則として拒絶理由（17条）と同様である。ただし、実体的な瑕疵ではない7条（一意匠一出願の原則）、8条（組物）、10条1項（関連意匠）の各規定に違反して登録されたことは、無効事由とならない。

意匠登録無効審判における審決に対して不服がある当事者は、東京高等裁判所に審決取消訴訟を提起することができ（59条1項）、その特別の支部である知的財産高等裁判所が事件を取り扱う（知財高裁2条2号）。

4 意匠権の効力

【1】 概要

　意匠権者は「業として登録意匠及びこれに類似する意匠の実施をする権利を専有する」(意匠23条本文)とされ、特許権や実用新案権と同様に独占的排他的な権利が認められている。ここでいう「業として」の意義は、特許法の場合と同様、個人的・家庭的な実施を除く趣旨である。また、「実施」の意義についても、2条2項に特許法の場合と同様の規定がある。

　また、意匠登録の願書には、特許や実用新案とは異なり、請求の範囲を記載することとはされておらず、登録意匠の範囲は、願書の記載および願書に添付した図面等に記載された意匠に基づいて定めなければならない(24条)。意匠は外形的に判断すれば足りるためである。登録意匠およびこれに類似する意匠の範囲については、特許庁に対し、判定という一種の鑑定を求めることができる(25条)。

【2】 意匠権の効力の制限

> [設例]
>
> **ア**　A社は、自転車のハンドルについて意匠登録をしている。ところが最近、ライバルのB社が、同形のハンドルのついた自転車について意匠登録を受けてしまった。B社は、意匠登録を受けた以上、このハンドルのついた自転車を自由に製造・販売できるのだろうか。
>
> **イ**　C社の登録意匠αと、D社の登録意匠βがあるとする。αとβいずれとも類似する意匠γについては、C社、D社のいずれが実施できるのだろうか。
>
> **ウ**　漫画家Eは、自分の作品にでてくるキャラクターをあしらったマグカップについて、F社が意匠登録していることを知った。Eの著作権侵害にならないのだろうか。

　特許権におけるのと同様、意匠権にも公益的な観点に基づく効力の制限がある。やはり、権利の限界による制限と、他人との関係による制限とに大別できる。前者については36条が特許法69条1項、2項を準用している。また、後者についても、実施権については特に特許法と異なる点もないので、ここでは利用と抵触の場合についてのみ説明する。

(1)利用

他人の登録意匠を利用する意匠とは、他人の登録意匠を自己の意匠のなかに取り込んだ意匠をいう。

このような意匠を実施すれば、必然的に他人の登録意匠を実施することになってしまう。そこで、このような利用関係のある場合、他人の登録意匠を利用する意匠の意匠権者は、業としてその登録意匠の実施をすることはできないものとされている(意匠26条1項)。登録意匠と類似する意匠が他人の登録意匠を利用するものであるときも、同様である(26条2項前段)。

3−5

部品と完成品　　部分意匠と完成品の意匠　　組物の構成物品と組物

具体的には、先願の登録意匠と後願の登録意匠とが、部品と完成品の関係にある場合、部分意匠と完成品の意匠の関係にある場合、組物の構成物品と組物の関係である場合などがあげられる。

(2)抵触

抵触とは、権利の内容が重なり合う場合をいう。以下で、抵触を生じる権利ごとに説明する。

(a)意匠権と意匠権との抵触

後願の意匠と先願の意匠とが相互に類似しており、意匠権の抵触を生じる場合、先願の規定(9条)によりそもそも後願の意匠は登録を拒絶される。もし過誤により登録されたとしても、無効審判(48条)で解決が図られる。

他方、図3−6を見るとわかるように、後願の意匠[*1]と先願の意匠[*3]および先願の意匠と類似の意匠[*4]とが相互に類似していなければ、後願の意匠も適法に登録を受けることができる。しかし、意匠権は、当該意匠のみならずこれに類似する意匠にも及ぶ。そのため、後願の登録意匠に類似する意匠[*2]を実施したところ、先願の登録意匠に類似する意匠[*4]と抵触する可能性はある。この場合、やはり後願の意匠権を制限することで、権利の調整が図られている(26条2項後段)。

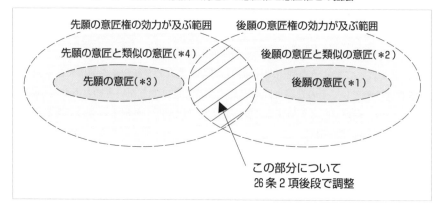

3-6　26条2項後段が規定する意匠権と意匠権との抵触

先願の意匠権の効力が及ぶ範囲　　後願の意匠権の効力が及ぶ範囲

先願の意匠と類似の意匠(＊4)　　　後願の意匠と類似の意匠(＊2)

先願の意匠(＊3)　　　　　　後願の意匠(＊1)

この部分について
26条2項後段で調整

⒝意匠権と特許権・実用新案権との抵触

　これについては特許法のところで説明したとおりである(第1章④【3】⑵⒞参照)。

⒞意匠権と商標権との抵触

　やはり後願の意匠権が制限される。意匠にかかる物品と登録商標の指定商品・役務が無関係ならば、抵触は生じない。

⒟意匠権と著作権との抵触

　後願の意匠権が制限されることは他の権利の場合と同様だが、著作権は無方式で発生する権利なので、意匠登録出願の日と著作権発生の日の先後で調整される。

⑶設例の検討

　まず、**ア**においては、A社のハンドルとB社の自転車とは、部品と完成品の関係にある。したがって、両社の意匠は利用関係にあり、B社は、A社に無断で自転車の意匠を実施することはできない。B社が自転車の製造・販売をする方法としては、A社から実施の許諾や権利の移転を受ける、といったことが考えられる。A社と協議が成立せず、または協議をすることができないときは、裁定を請求することもできる(33条)。

　次に、**イ**では、登録意匠αも登録意匠βも、適法に成立しており、類似の意匠γに効力が及ぶはずである(23条)。しかし、意匠γについて権利の抵触を生じるため、これを調整する規定である26条2項後段の適用を受ける。そのため、意匠γについては、C社、D社のうち先願の会社のみが実施できることになる。後願の会社が実施をするためには、前述した利用関係の場合と同じく、先願の会社から実施権の許諾を受けるなどしなければならない。また、**ア**の場合と同じく、裁定の請求をすることもできる。

最後に、**ウ**では、意匠権と著作権の抵触が問題となる。本設例でEが漫画を描いたのは、F社の意匠登録出願前と思われる。したがって、F社が意匠を実施するためには、Eから実施の承諾を得なければならない。

【3】意匠権侵害に対する救済手段

　意匠権侵害を受けた意匠権者の救済手段としては、次のようなものがある。

3-7

　ほぼ特許法と同じだが、一定期間内は内容の公開されない秘密意匠について、いくつか特別の規定がある。以下で簡単に概要を説明する。

⑴差止請求

　意匠権者または専用実施権者は、自己の意匠権または専用実施権を侵害する者または侵害するおそれがある者に対し、その侵害の停止または予防を請求することができる(37条1項)。意匠権者または専用実施権者は、この請求をするに際し、侵害の行為を組成した物品等(プログラム等を含む)の廃棄、侵害の行為に供した設備の除却その他の侵害の予防に必要な行為を請求できる(37条2項)。これらは特許法100条と同様の規定である。ただし、登録意匠の内容が公示されない秘密意匠については、いきなり差止請求がなされると善意の実施者の利益を不当に害するおそれがあるので、あらかじめ所定の警告をすべきこととされている(意匠37条3項)。

　なお、特許法と同様に(第1章[4]【4】⑶参照)、意匠法では、直接侵害だけでなく間接侵害も差止請求や損害賠償請求等の対象となる(38条参照)。2019年改正により、登録意匠等にかかる物品の製造に用いる物品であって、当該登録意匠等の「視覚を通じた美感の創出に不可欠なもの」を、その意匠が登録意匠等であることおよび当該物品等が意匠の実施に用いられることを「知りながら」、業として製造・輸入等する場合についても、意匠権侵害とみなされることになった(38条2号)。侵害品を構成部品に分割して製造・輸入等する行為を取り締まる目的である。たとえば、意匠登録を受けた美容用ローラーについて、侵害品を構成するボール部とハンドル部を分割して製造・

輸入等した場合、前述の要件のもとで、意匠権侵害とみなされる。

(2)損害賠償請求・不当利得返還請求

　私法の一般法たる民法上の救済手段である。損害賠償請求は民法709条、不当利得返還請求は民法703条、704条による。損害賠償請求については、特許法と同様に、侵害行為者の過失の推定(意匠40条)、損害額の推定(39条)の規定がある。もっとも、秘密意匠では、侵害行為者の過失は推定されない(40条ただし書)。

(3)信用回復措置

　これについては、意匠法41条が特許法106条を準用している。たとえば、意匠権侵害となる製品が意匠権者の製品よりはるかに粗悪なもので、かつ需要者の多くが当該意匠にかかる製品はすべてそのような粗悪品だと信じた場合に、新聞紙上に謝罪広告の掲載などを求めることができる。

(4)刑事罰

　意匠権を侵害した者に対しては、10年以下の懲役もしくは1000万円以下の罰金またはこれらの併科という刑事罰(意匠69条)が科されるほか、3億円以下の罰金という法人に対する両罰規定もある(74条)。

5 消滅

　意匠権は、原則として出願日から25年で消滅する(21条1項)。その他の消滅原因としては、特許権の場合と同じく登録料の不納(42条から44条まで)、無効審判による無効審決の確定(49条)等がある。

6 特殊な意匠

【1】部分意匠

　物品の一部分は、通常はそれ自体独立して取引対象とはならないため、意匠法の保護を受けることができない。しかし、物品の特定の部分に特徴的なデザインが施されることもある。そこで、部分のデザインを保護するため、部分意匠制度が設けられた(2条1項括弧書)。マグカップを例にとると、マグカップ全体のデザインについて意匠登録を受けられることはもちろんだが、その持ち手に特徴的なデザインがあるならば、持ち手についてのみ部分意匠の登録を受けることもできるのである。

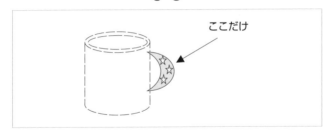

ここだけ

　部分意匠が登録されると、登録された部分意匠と同一または類似の部分を有する意匠が実施された場合に、登録された部分以外の形態が異なっていても、意匠権侵害となる。つまり、その物品を全体としてみれば意匠権侵害とならないような場合でも、登録された部分について同一・類似であれば、他者による意匠実施を排除できるのである。その意味で、部分意匠は全体の意匠の登録よりも広く強い権利を得ることができる。なお、2019年改正により、組物の意匠についても、部分意匠の登録が認められている（2条1項）。

【2】 組物の意匠

　本来、意匠登録出願は、経済産業省令で定めるところにより意匠ごとにしなければならない（7条、一意匠一出願の原則）。しかし実際上、2つ以上の物品が一組として販売・使用され、それらが全体として1つの統一された美感を起こさせるデザインもある。そこで、出願人の便宜を図るため、一意匠一出願の例外として、組物の意匠の制度が設けられている（8条）。

　意匠法は、同時に使用される2つ以上の物品、建築物または画像であって、経済産業省令で定めるものを「組物」とし、組物を構成する物品にかかる意匠は、組物全体として統一があるときは、一意匠として意匠登録を受けることができるとしている（8条）。

　たとえば、五段飾りのひな人形は、内裏びな・三人官女など多数の人形が、全体として1つのひな人形として扱われるものであるから、組物の意匠とすることができる。また、同じデザインで統一したナイフ・フォーク等のセットも、組物の意匠となりうる。

　組物の意匠として出願した意匠は、登録要件の審査も、登録された場合の効力範囲の解釈も、組物全体を基準に判断される。したがって、他人が組物の構成物品に類似した意匠を実施しても、これを差し止めることはできない。

一組のひな人形　　　　　一組のナイフ・フォーク・スプーンのセット

これで一意匠　　　　これで一意匠

【3】内装の意匠

　近年、企業が店舗やオフィスの内装デザインに投資して、ブランド価値を創出するケースが増えている。こうした内装デザインは、多額の投資を行ったうえで設計されており、法律による保護のニーズが高まっていた。

　そこで、2019年改正により、机、椅子、ソファ、棚、台、カウンター、照明等の什器や配置、壁、床、天井等の装飾により構成される内装が、「全体として統一的な美感を起こさせるとき」は、内装の意匠として意匠登録を受けることができるようになった（8条の2、一意匠一出願の例外）。

　内装の意匠として登録された事例として、カルチュア・コンビニエンス・クラブ株式会社の「書店の内装」（意匠第1671152号）や、くら寿司株式会社の「回転寿司店の内装」（意匠第1671153号）などがある。

【4】関連意匠

　類似する意匠を複数出願すると、最初の1つ以外は、先願の規定（9条）により登録を受けられないのが原則である。しかし、デザイン開発が行われるに際しては、1つのデザイン・コンセプトから、多数のデザイン・モデルが創作されるのが通常である（図3−10参照）。これらのモデルは、創作性において同等の価値を有するものであるから、権利保護についても同等の取扱いをするべきであろう。そこで、9条の例外として、関連意匠の登録が認められている（10条）。

　関連意匠の出願は、本意匠と同一の出願人が、本意匠の出願から10年を経過する前までに行う必要がある（10条1項）。関連意匠は独自の効力をもつため、関連意匠自体が一般的登録要件（3条、9条等）をみたしていなければならない。なお、2019年改正により、関連意匠にのみ類似する意匠についても、関連意匠としての登録が可能となっている（10条4項）。

関連意匠として登録された意匠権は、通常の意匠権と同様の効力をもち、関連意匠と同一または類似する範囲にまで効力が及ぶ。したがって、関連意匠にのみ類似する意匠についても、意匠権侵害として救済を受けることができる。関連意匠は本意匠とともに移転し、本意匠が存続期間(出願日から25年)満了で消滅すると同時に消滅する(21条2項、図3−11参照)。

3−10　コーヒーメーカー

意匠登録第1063356号

3−11

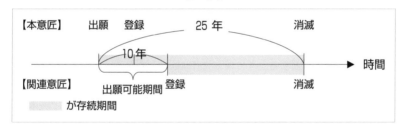

【5】秘密意匠

　意匠はその性質上、公開されると一目で特徴がわかり、模倣される危険が高い。そこで、設定登録後3年以内で出願人が指定する期間、その登録意匠の内容を秘密にしておく秘密意匠の制度が設けられている(14条)。

　秘密にすることの請求は、意匠登録出願または第1年分の登録料納付と同時に、書面をもって行う(2項)。秘密にする期間は、3年の範囲内で延長、短縮の請求ができる(3項)。秘密意匠とされた場合、意匠を表した図面などの実体的事項は、意匠公報に掲載されない。秘密とする期間が経過すると、改めて願書や願書添付図面などを掲載した意匠公報が発行され、以降は通常の登録意匠と同様に扱われることになる。

このような秘密意匠には、模倣を防止できるという長所がある。他方で、意匠権侵害の場面では、差止請求に先立って所定の警告が要求される（37条3項）、侵害行為者の過失が推定されない（40条ただし書）、といった短所もある。

7 意匠権の経済的利用

意匠権者も、特許権者と同じく、権利を移転したり他人に実施させたりすることで収益を得ることができる。また、質権を設定することも可能である。

このうち、移転については、36条が特許法98条を準用する。また、実施権については、27条以下が特許法におけるのと同様の規定をしている。ただし、裁定実施権の発生事由に若干の相違がある（特許83条、93条、実用新案21条、23条参照）。

もっとも、実際には、意匠権を他社にライセンスすることはあまりないようである。特許庁の「特許行政年次報告書2020年版」に掲載された調査結果では、意匠権をライセンスしない場合がほとんどである。

8 意匠情報

意匠登録を受けようとするときには、先行意匠の調査が不可欠である。また、先行意匠の調査によって、他社の動向やこれまでのデザインの流れをつかみ、自社のデザイン開発を行ううえで有益な情報を得ることができる。ここでは主なものを概説する。

まず、意匠公報などの調査については、特許の場合と同じく、特許情報プラットフォーム（J-PlatPat）等により、特許庁などが情報を提供している。

次に、意匠登録の出願前に公知となっている資料を調査する、公知例調査がある。国内外で発行された雑誌、カタログやインターネット上の情報などは、意匠審査において資料とされているので、事前に調査しておくことが有益といえる（審査官が審査資料として利用している文献のリストは、特許庁のホームページに掲載されている）。また、他社の権利が無効だと主張する際にも、当該意匠出願前に新規性を失っている資料を発見できれば、おおいに有利である。

さらに、前述のとおり1つの創作物について、意匠権と同時に、特許権・実用新案権が発生することがある。そのため、意匠権のみならず、特許権・実用新案権についても、公報などによる調査を行うことが有益であろう。

第4章

商標法

1 商標制度の意義

[設例]

　　A社はノートパソコンを製造販売しているが、A社製品は、まだ一般に広く知られておらず、他社製に比べ性能もいまひとつで、売れ行きが思わしくない。そこで、A社では、Appleの有名なノートパソコンと同じ、「MACBOOK」という名前をつけ、消費者にアピールしたいと考えているが、何か問題があるだろうか。

【1】商標法の目的

　私たちが商品やサービスを購入する際、何を基準にして商品やサービスを選ぶだろうか。価格やデザインからだけではなく、製造している企業名などから選ぶこともあるのではないだろうか。そのとき、たとえば、「MACBOOK」という表示のノートパソコンがあれば、「これはAppleのMACBOOKだな。MACBOOKは機能的にも優れているし、Appleの製品は好きだから、これにしよう」と、商品自体を見なくても、企業名や商品の名前から、商品の品質などをある程度判断することができる。このような商品の名前を「商標」という。このように、私たちは日常、数多くの商標に触れ、知らず知らずのうちに商標から商品やサービスの品質を判断している。

　しかし、このような商標をまったく無関係の会社が勝手に利用したとしたら、どうなるだろうか。Appleとはまったく関係のない会社が、「MACBOOK」というノートパソコンを売り出したとしたら、Appleは顧客を奪われてしまい、Apple製品だと思って購入した私たちも期待していた品質が得られず、企業に対し不信感を抱くことになるだろう。

そこで、商品・役務に付与された一定の表示(標識)を、他人が勝手に使用できないように規制する必要がある。このようなニーズに応えるのが商標法である。つまり、商標法では、企業が勝手に使用されたくないと考える標識を登録すれば、勝手に使用する他社の使用を差し止めたり、損害賠償を請求したりすることができるのである。商標法1条は法の目的について、「商標を保護することにより、商標の使用をする者の業務上の信用の維持を図り、もって産業の発達に寄与し、あわせて需要者の利益を保護すること」としている。

　この商標法の目的は、これまで学んできた特許法や意匠法の目的と比べると、産業の発達に寄与するという点では共通しているが、消費者等の需要者の利益保護を掲げている点で相違がある。

【2】 設例の検討

　設例では、A社がノートパソコンにつけようとしている商標は、Appleが登録している商標「MACBOOK」(商標登録第4972005号等)と同じものである。したがって、A社が自社のノートパソコンに「MACBOOK」という名前をつけて販売することは、商標権侵害となる。また、A社が自社のノートパソコンについて、「MACBOOK」という商標を登録することもできない。

2 商標登録を受けるための要件

　特許権や意匠権と同じく、商標権も特許庁で登録を受けることによって発生する権利である。そして、商標登録を受けるためには、やはり一定の要件をみたすことが必要となる。もっとも、商標権は、特許権等のように新しい創作についての権利ではなく、営業上の標識についての権利である。そのため、商標登録に新規性や進歩性は要求されない。たとえば、ありふれたリンゴや三日月のマークでも、商標とすることができる。ただ一方で、だれの商品・役務かを識別できること(識別力)という特許法等では必要のない要件が要求されている。このように、登録要件は特許権等と大きく異なっている。

　商標法は、商標の登録要件について、3条1項柱書で、「自己の業務に係る商品又は役務について使用をする商標については、次に掲げる商標を除き、商標登録を受けることができる」としたうえで、3条1項各号と4条1項各号において、登録を受けることのできない商標を列挙している。

> ①商標法上の「商標」にあたること
> ②自己の業務にかかる商品・役務について使用すること
> ③登録を受けることのできない商標でないこと

以下、この要件を順に説明していく（詳細については、特許庁の「商標審査基準」参照）。

【1】 商標法上の「商標」

> ［設例］
>
> 　ハンバーガーチェーンを営むA社は、各店の店頭に、オリジナルマスコット人形「Aバーガー君」を置いて、知名度を高めようと考えている。この場合、「Aバーガー君」という名称のみならず、マスコット人形の形自体も、商標登録を受けることができないだろうか。

⑴商標の種類

　商標法上、商標とは、文字、図形、記号、立体的形状もしくは色彩またはこれらの結合、音その他政令で定めるもののうち、業として商品・役務（サービス）に使用されるものをいう（2条1項各号）。解釈上、動き、ホログラム、位置商標も標章に含まれる。役務に使用されるものをサービスマークとよぶこともある。なお、登録された商標を、登録商標という（2条5項）。商標には、次のようなさまざまな種類のものがある。

⒜文字商標

　文字商標とは、文字のみからなる商標をいう。たとえば、「Apple」「Google」などがこれにあたる。ひらがなやカタカナはもちろん、アルファベットを用いることもできる。

4-2　Google

商標登録第5893980号

⒝図形商標

　図形商標とは、図形のみからなる商標をいう。たとえば、Appleのリンゴのマークやヤマト運輸のクロネコマークなどがこれにあたる。文字から構成されている商標であっても、図案化によって通常の文字とまったく異なる印象を与えるような商標は、図形商標に含まれる。

4-3　Appleのマーク

商標登録第2173459号

⒞記号商標

　記号商標とは、記号からなる商標をいう。有名なものとしては、ルイ・ヴィトンのLVマークや三菱のスリーダイヤマークなどがあげられる。

4-4　LVマーク

商標登録第1779465号

⒟立体商標

　立体商標とは、立体的形状からなる商標をいう。例としては、不二家のペコちゃん人形やケンタッキー・フライドチキンのカーネル・サンダース人形、ヤクルトの容器などがあげられる。

4-5　ペコちゃん人形

商標登録第4157614号

⒠色彩のみからなる商標

　色彩のみからなる商標とは、単色または複数の色彩の組合せのみからなる商標(これまでの図形等と色彩が結合したものではない商標)をいう。例としては、セブンイレブンの白地にオレンジ・緑・赤の組合せ、トンボ鉛筆の青・白・黒の組合せなどがあげられる。

4-6　トンボ鉛筆

商標登録第5930334号

⒡結合商標

　以上にあげた、文字・図形・記号・立体的形状等を組み合わせたものを結合商標という。音叉の図形とYAMAHAの文字を組み合わせたものや、カーネル・サンダースのロゴマークにKFCの文字を組み合わせたものがこれにあたる。

4-7　KFC

商標登録第6196105号

(g)音商標

音商標とは、音楽、音声、自然音等からなる商標であり、聴覚で認識される商標をいう。大幸薬品やインテルなどが音商標の登録を受けている。音声は、特許情報プラットフォーム（J-PlatPat）で再生することができる。

4-8　大幸薬品の音商標

商標登録第5985746号

(h)設例の検討

設例において、「Aバーガー君」の名称は、文字商標にあたる。さらに、「Aバーガー君」人形自体も、立体的形状からなる立体商標として、商標登録を受けることができる。

(2)商標の機能

標章（マーク）は一般に、ある商品・役務を他の商品・役務から識別する力（識別機能）をもっている。これを前提に、商いの標章である商標の機能として、①出所表示機能、②品質保証機能、③宣伝広告機能があげられる。

まず、商標を含む標章一般に、識別機能があることから、商標を見れば、どの会社の商品・役務かがわかる。これが、①出所表示機能である。たとえば、自動車に「TOYOTA」と表示してあれば、トヨタ自動車の商品だとわかるのである。

次に、出所表示機能によって商標が特定企業と結びつくと、需要者は、その商標のついた商品・役務の品質に一定の期待をもつようになる。他方で、商標の所有者は、この期待に応えようとする。これが、②品質保証機能である。たとえば、消費者は、「マクドナルド」の表示がされているハンバーガーを見れば、「ああ、あの味だな」という期待をすることができ、マクドナルド社も、「マクドナルド」の表示をする以上、品質の確保に努めようとするのである。

さらに、品質保証を超えて、需要者がその商標のついた商品・役務に対し愛着をもつにいたることもある。これが、③宣伝広告機能である。たとえば、ハンバーガーを食べたいときに、「マクドナルドに行こう」と考えるようになることがこれにあたる。

4-9

標章の識別機能 ──→ 出所表示機能
　　　　　　　　 ──→ 品質保証機能
　　　　　　　　 ──→ 宣伝広告機能

【2】自己の業務にかかる商品・役務について使用する商標

> ［設例］
>
> 　洋菓子店を経営するAは、新商品の開発中に、この新商品にぴったりの名前を思いついた。ただ、販売まではもうしばらくかかりそうなので、先に商品名だけ商標登録しておきたいと考えている。ところが、商標法には、自己の商品等に「使用をする商標」と書いてある。では、まだ使用していないAの商品名は、登録を受けられないのだろうか。

(1)意義

　前述のように、3条1項柱書は、「使用をする商標」を要件としている。しかし、商標権は登録によって発生する権利であって、その出願から登録までに時間がかかる。そのため、必ずしも現実に使用していなくてもよいと解釈されている。もっとも、みずから使用する予定がない商標の登録を認めると、他者が使いそうな商標をあらかじめ大量に登録しておいて後に売りつけるというブローカー行為が横行しかねない。また、使われていないのに他者が使用できない標章があふれ、商標選定の幅が狭くなってしまう。そこで、将来自己の業務において使用する意思のあることが登録の要件と解されている。

　また、商標登録出願においては、どの分野の商品・役務に用いるのかを指定しなければならない。これを指定商品・役務という。使用の意思の有無も、この指定商品・役務ごとに判断される。したがって、たとえば、ある商標について「筆記用具」と「スナック菓子」を指定商品として出願したものの、実は筆記用具にしか使用する意思がなかった場合には、指定商品を筆記用具とする当該商標は登録されるが、指定商品をスナック菓子とする当該商標は拒絶されることになる。

　とはいえ、出願者に使用の意思があるか否かを、審査段階で判断するのは困難である。そこで、継続して3年以上使用されていない登録商標は、何人も取消しを請求できるとし(50条1項)、使用の意思のない商標の登録をできるかぎり防止できるように配慮している（ 3 【5】(3)(a)参照）。

(2)設例の検討

　設例のAは、新商品が開発されたときには当該商品名をつけて売りだすつもりなのであるから、現にその名前を使用していないという理由だけで、商標登録を拒絶されることはない。

【3】 登録を受けられない商標

　どのような商標でも出願すれば登録を受けられるわけではない。だれの業務にかかる商品・役務であるか識別できない（識別力のない）商標や、特定人に独占させることが不適当な（独占適応性のない）商標は、登録を受けることができない（3条1項各号、4条1項各号）。このような理由から、登録を受けられない商標には、大別して次のようなものがある。

4-10　商標登録を受けられない商標

①指定商品・役務が明確でない商標
②自己の商品・役務と他人の商品・役務とを識別できない商標
③他人の登録商標または周知・著名商標等と紛らわしい商標
④公益に反する商標

以下で個別に説明する。

⑴指定商品・役務が明確でない商標

　商標権の範囲は、指定商品・役務によって画され、他人の無断使用もその範囲で禁止される。そのため、指定商品・役務の表示は第三者にも十分理解できるものでなければならない。そこで、指定商品・役務の表示が明確でない場合、出願は拒絶査定される。

⑵自己の商品・役務と他人の商品・役務とを識別できない商標

［設例］

　個人で中古自動車販売を始めた山田氏は、「YAMADA」という自分の店の名前を商標登録しようと思い立った。ところが、知人から、「そのような商標はだれの商品か識別できないから登録できないのでないか」と言われてしまった。有名な自動車メーカー「HONDA」は商標登録されているにもかかわらず、山田氏の「YAMADA」は商標登録を認められないなどということがあるのだろうか。

　商標は営業上の標識であるから、だれの商品・役務であるのか識別できないものは、登録を受けることができない。具体的には、次のような場合が定められている。

⒜普通名称・慣用商標

　当該商品・役務の普通名称を普通に使用される方法で表示する商標のみからなる商標や、当該商品・役務について慣用されている商標は、登録を受けることができない（3条1項1号、2号）。

ここで、「慣用されている」とは、同業者が一般的に使用している、という意味である。普通名称の例としては、指定商品をテレビとする「テレビジョン」などがあげられる。また、慣用商標の例としては、指定商品を清酒とする「正宗」などがあげられる。

普通名称、慣用商標であるか否かは、指定商品・役務との関係で決まる。たとえば、「ハウス」という商標は、指定役務を建物の売買とすれば普通名称であるが、指定商品を加工食料品とすれば普通名称ではない。

4-11　ハウス食品

ハウス

商標登録第2374237号

なお、当初は固有名称だった商標が、普通名称や慣用商標になることもある。たとえば、「トイレットクレンザー」（不正競争防止法の事案、東京高判昭和38年 5 月23日東高民14巻 5 号136頁）、「正露丸」（東京高判昭和46年 9 月 3 日無体裁集 3 巻 2 号293頁）などがある。

逆に、「モービルオイル」のように、普通名称だったものが、長年特定人に使用されることにより、特定人の商品・役務を観念させるにいたることもある。

(b)品質・効能等の通常表示

商品の産地、販売地、品質や、役務の提供の場所、質などを普通の方法で表示する標章のみからなる商標は、登録を受けることができない（3 条 1 項 3 号）。たとえば、蓄電池を指定商品とする「KOBE」（商品の産地）、電気毛布を指定商品とする「アンミン」（効能）、預金を指定役務とする「定期」（役務の質）、主催旅行の実施を指定役務とする「格安プラン」（役務の価格）、紅茶を指定商品とする「EARL GREYS」（商品の品質）（東京高判昭和56年 5 月28日無体裁集13巻 1 号471頁）などがこれにあたる。

(c)ありふれた氏名・名称

ありふれた氏名や名称を普通に用いられる方法で表示する標章のみからなる商標は、登録を受けることができない（3 条 1 項 4 号）。たとえば、「太郎」「オークボ」などがこれにあたる。また、ありふれた氏や業種名に「商店」や「製作所」などを結合した商標も、原則として本号にあたる。

(d)簡単かつありふれた標章

きわめて簡単でありふれた標章のみからなる商標は、登録を受けることができない（3 条 1 項 5 号）。たとえば、「AB」や「フォーティーン」（単に英語の14をカタカナ表記しただけ）やハートマークなどがこれにあたる。

(e)使用による識別性の例外

3 条 1 項 3 号から 5 号に該当する商標であっても、特定の者によって永年「使用をされた結果需要者が何人かの業務に係る商品又は役務であることを認識することがで

HONDA

商標登録第746293号

きる」にいたった商標は、商標登録を受けることができる（3条2項）。このような商標は識別力を生じるためである。3条1項3号の例外としては、あずきを加味してなる菓子を指定商品とする「あずきバー」（〈あずきバー事件〉知財高判平成25年1月24日判時2177号114頁〈商標・意匠・不正競争百選6事件〉）、4号の例外としては、自動車、バイク等を指定商品とする「HONDA」、5号の例外としては、鉄道運送業を指定役務とする「JR」があげられる。

(f)その他識別力のない商標

以上にあげた場合のほか、識別力のない商標は、登録を受けることができない（3条1項6号）。たとえば、「令和」などがこれにあたる。

(g)設例の検討

以上からすれば、本来、「YAMADA」も「HONDA」もありふれた氏名であって、商標登録を受けられない。ただ、自動車メーカーの「HONDA」は、永年の使用により例外的に商標登録を受けられるにいたったわけである。したがって、個人で中古自動車販売を始めたばかりの山田氏が、「YAMADA」について商標登録を受けることはできない。

(3)他人の登録商標または周知・著名商標等と紛らわしい商標

［設例］

　飲料メーカーが、野球少年向けの清涼飲料の商品名として、「長嶋茂雄」を商標登録することはできるだろうか。また、長嶋氏本人が、清涼飲料の製造・販売をしようと考えたときはどうだろうか。

他人の登録商標等と紛らわしい商標も、登録を受けることはできない。これには次のような場合が含まれる。

(a)周知表示の類似商品・役務への使用

他人の業務にかかる商品・役務を示すものとして、需要者の間で広く認識されている表示（周知表示）、あるいはこれに類似した商標であって、同一・類似の商品・役務に使用するものは、登録を受けることができない（4条1項10号）。これは、そのような商標の登録を認めると、すでに需要者の間で特定人を示すものとして知られている表示が別の主体を示すことになり、出所の混同を生じるためである。

本号は、未登録商標であるにもかかわらず、商標登録出願が排除されるという強い効果を生じる。そのため、ここでいう周知表示は、必ずしも全国的に知られている必要まではないが、一都道府県で知られているだけでは足りず、少なくとも数県にわたる相当広い範囲で、取引者・需要者に知られていることを要する（〈とっとり岩山海事件〉知財高判平成26年10月29日判時2242号124頁〔商標・意匠・不正競争百選12事件〕）。

(b)混同のおそれがある商標

　他者の業務にかかる商品・役務と混同を生じるおそれのある商標は、登録を受けることができない（4条1項15号）。

　4条1項10号によれば、商標の類似性と商品・役務の類似性があると、登録を受けることができない。しかし、商標が類似していなくても、出所の混同が生じることはある。また、業種が異なっても、多角化経営によって新規商品・役務の分野に進出したのではないか、グループ企業なのではないか、と誤解すること（広義の混同のおそれ）もある。商標法は、商品・役務の出所の混同を防ぐことを使命とする法律であるから、混同を生じるおそれのある商標は、別途登録を受けることができないとしたのである。

(c)周知表示の不正目的使用

　他人の周知表示と同一または類似の商標であって、不正目的で使用するものは、登録を受けることができない（4条1項19号）。

　たとえば、A社が、指定役務を娯楽施設の提供とする、「雀荘ティスニーランド」という商標を登録したとする。需要者は、ディズニーランドを経営するオリエンタルランド社が雀荘経営に進出するとは思わないので、混同のおそれはないであろう。しかしながら、これによって、オリエンタルランド社が築いてきた顧客吸引力を、A社がコストゼロで取得することになり、他方、ディズニーランドのイメージは壊れてしまう。そこで、こういった場面において、19号がはたらくのである。

　19号の要件として、不正目的が要求されているのは、こうした行為を捕捉することを趣旨としているためである。ここで不正目的とは、不正に利益を得る目的や、他人に損害を加える目的などをいう。

(d)他人氏名等商標

　他人の肖像、氏名、名称、著名な雅号、芸名、筆名もしくはこれらの著名な略称を含む商標は、当人の許諾がないかぎり、登録を受けることができない（4条1項8号）。これは、他人の人格権を保護するための規定である。肖像、氏名、名称は著名でなくても登録が拒絶されるが、雅号、芸名、筆名、略称は著名な場合にのみ登録が拒絶される。

ちなみに、元プロ野球選手の松井秀喜氏の名前は、関係者が商標登録を受けている。

(e)後願商標

先願商標と同一・類似の商標であって、指定商品・指定役務が先願商標と同一・類似のものは、登録を受けることができない（4条1項11号）。出所の混同を防止するための規定であり、特許法（特許39条）等と同じく商標法も先願主義（商標8条）を採用していることからの、当然の帰結である。

(f)設例の検討

以上からすれば、設例においても長嶋茂雄氏本人の許諾がないかぎり、飲料メーカーが「長嶋茂雄」という商品名を商標登録することはできない。これに対して、長嶋氏自身が商標登録することは認められる。

なお、「長嶋茂雄」は実際には、関係者名義で商標登録されている（商標登録第5401366号）。

(4)公益に反する商標

［設例］
　立体商標の存在を知った玩具メーカーの社員Aが、けん玉の形について商標登録をすれば、以後けん玉の製造を独占できるのでは、と思いついた。このような商標登録が認められるだろうか。

これまでにあげた以外にも、他の知的所有権と同様に、公益的な見地から登録を受けられない商標がある。具体的には、次のようなものがあげられる。

(a)国旗・国際機関の標章・公序良俗を害するおそれがある標章など

4条1項1号から7号までが規定する。たとえば、国旗や勲章、国際連合や赤十字の標章（図4−13参照）などがこれにあたる。

4−13

(b)品質誤認誘導商標

商品の品質、役務の質について、誤認を生じるおそれのある商標は、登録を受ける

ことができない（4条1項16号）。需要者に不測の不利益を与えるおそれがあるためである。

具体例としては、スコットランド産毛織物で作っていないコートを指定商品とするSANYO SCOTCH事件（東京高判昭和40年1月28日東高民16巻1号8頁）などがある。

⒞商品等が当然に備える特徴のみからなる商標

商品等が当然に備える特徴のうち、政令で定めるもののみからなる商標は、登録を受けることができない（4条1項18号）。このような商標の登録を認めることは、当該商品自体の製造の独占を認めるに等しいからである。たとえば、自動車のタイヤの黒の色彩や焼肉を焼く際の肉の焼ける音は、商標登録が認められない。

⒟設例の検討

設例のけん玉の形は、4条1項18号の商品等が当然に備える特徴のみからなる商標にあたるため、A氏は商標登録を受けることができない。

設例のような登録を認めてしまうと、他者はけん玉の製造ができなくなってしまう

3 登録手続

【1】出願の方法

⑴概要

特許法や意匠法の場合と同じく、出願は特許庁に願書を提出して行う。オンライン出願もできる。願書には、「商標登録を受けようとする商標」（いわゆる商標見本）等を記載する（5条1項）。商標権の権利範囲は商標見本を基礎に認定されるため、その記載は慎重に行う必要がある。

⑵商品・役務の指定

商標出願においては、登録する商標をいかなる商品・役務に使用するのかを指定しなければならない（5条1項3号、6条1項）。たとえば、日本通運がペリカン便のマークについて行った商標登録第3076367号では、指定役務は、「貨物自動車による輸送、軽車両による輸送」とされている。また、冒頭の「MACBOOK」についての商標登録第4972005号では、指定商品は、「ノートブック型コンピュータ、その他のコン

ピュータ、コンピュータソフトウェア、コンピュータ用周辺機器、その他の電子応用機械器具及びその部品、電気通信機械器具」とされている。

商標権の効力は、指定した商品・役務およびそれに類似した商品・役務の範囲にかぎられている。したがって、たとえば、たばこを製造する会社が自社製品のたばこに「アサヒスーパードライ」と銘打って売りだしても、アサヒグループホールディングス株式会社の商標権の侵害にはならない（ただし、不正競争防止法や商法の商号権の侵害になる場合がある）。

なお、同じ商標を複数の商品・役務に使用したい場合は、複数の商品・役務を指定すればよいが、指定の基準となる類型が政令で定められており、その区分ごとに出願しなければならない（6条2項）。

【2】審査の流れ

(1)概要

出願がされると、特許法や意匠法の場合と同じく、特許庁の審判官によって方式審査と実体審査が行われる。

要件をみたしていれば登録査定をすべきこと、拒絶理由があれば補正等によって対応することも特許等と同様である。

また、商標法には、商標出願があると特許庁から出願情報が公開されるという出願公開の制度がある（12条の2）。出願時という早い時期に公開することで、他者が同一・類似の商標を使用することをできるかぎり防ごうとしているのである。

(2)金銭的請求権

> ［設例］
>
> 　A社は、新発売のチョコレートの商品名につき、商標登録出願をした。ところが、その登録前に、B社が同じ商品名のチョコレートを売りだしてしまった。A社としては、まだ商標登録を受けていない以上、損失が生じても何ら請求できないのだろうか。

2の冒頭で述べたとおり、商標権は登録されてはじめて発生する。しかし、出願後登録前の期間内に、無権限の第三者がその出願中の商標を自由に使うことができるのでは、出願人が築こうとしている商標の信頼を損ないかねない。そこで認められたのが、特許法の補償金請求権（特許65条）と類似した制度である、金銭的請求権の制度

である。

　すなわち、商標登録出願人は、商標登録出願をした後に、当該出願にかかる内容を記載した書面を提示して警告したときは、その警告後、商標権の設定の登録前に、当該出願にかかる指定商品または指定役務について当該出願にかかる商標の使用をした者に対し、当該使用により生じた業務上の損失に相当する額の金銭の支払を請求することができる（商標13条の2第1項）。

　なお、請求権を行使できるのは、商標権の設定の登録後である（13条の2第2項）。また、取下げなどにより商標登録出願が効力を失ったときは、金銭的請求権ははじめから生じなかったものとされる（13条の2第4項）。

　設例のA社も、商標登録出願後にB社に対して書面で警告をしておけば、商標権の設定登録後に、生じた損失に相当する額の支払を請求することができる。

4-15

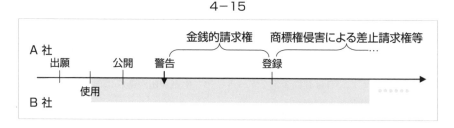

【3】登録

(1)概要

　商標権も特許権等と同様、設定登録により発生する（18条1項）。存続期間は設定登録の日から10年間である（19条1項）。ただし、更新が認められている点が、他の工業所有権と異なる（19条2項）。更新の際には何ら審査はない。

　したがって、商標権はいったん取得してしまえば、半永久的に存続させることができることになる。

　もっとも、商標権が半永久的に存続しうるものである結果、使用していない商標がストックされていく事態が生じるおそれがある。これでは標章選定の自由が制約されてしまうので、更新登録料を高く設定したり、登録料の分割納付（41条の2）を認めたりすることで、商標権維持の必要性を見直すきっかけを与えている。

　また、不使用の商標権については、第三者の側から取消しを請求することもできる（50条1項）。

登録された商標は、商標公報に掲載される(18条3項)。これは他の工業所有権と同様である。

(2)登録料

商標の登録料は40条、65条の7に規定されている。特許権等と異なり、各年納付ではない。

【4】 拒絶査定を受けた者の主張

特許等の場合と同様に、商標登録を拒絶する旨の査定を受けた者は、特許庁に対して、査定の謄本の送達があった日から3か月以内に拒絶査定不服審判を請求することができる(44条1項)。審決に不服のある当事者は、東京高等裁判所に、審決取消訴訟を提起することができ(63条)、その特別の支部である知的財産高等裁判所が事件を取り扱う(知財高裁2条2号)。

【5】 登録を受けた商標権者に対する第三者の主張

［設例］

　和菓子店Aが、新商品の団子に「桜丘の桜吹雪」という名前をつけて商標登録を受けようとしたところ、同業の和菓子店Bが同じ名前を登録していることが判明した。もっとも、Bはここ数年その名前の商品は販売していないようである。この場合、Aは商標登録を諦めなければならないだろうか。

登録を受けた商標権者に対して第三者がとりうる対抗手段としては、①登録異議の申立て(43条の2)、②商標登録無効審判の請求(46条)、③商標登録取消審判の請求(50条1項)が考えられる。

⑴登録異議の申立て

　何人も、商標掲載公報発行の日から２か月以内にかぎり、商標登録に43条の２各号所定の不備があることを理由に、特許庁長官に登録異議の申立てをすることができる（43条の２）。これは、商標登録の信頼性を高めるという公益的な見地から設けられた制度である。

　審理の結果、商標登録の取消決定がされ、それが確定するとその商標権ははじめから存在しなかったものとみなされる（43条の３第３項）。逆に、商標維持の決定（43条の３第４項）がされた場合、この決定に対する不服申立てをすることはできない（43条の３第５項）。

⑵商標登録無効審判

　商標登録に無効事由がある場合、利害関係人は商標権者に対して、その商標登録を無効とする審判の請求をすることができる（46条）。特許法における特許無効審判に相当する。制度内容は特許無効審判とほぼ同様である。

⑶商標登録取消審判

⒜不使用による商標登録取消審判

　商標が登録されたものの、３年間継続して指定商品・指定役務に使用されなかった場合、だれでも商標登録取消審判の請求ができる（50条１項）。

　この類型の商標登録取消審判では、「使用」の有無が実際上よく問題となるので、いくつか注意すべき点をあげておく。

　まず、その商標を使用していることは、審判を請求された商標権者が証明しなければならない（50条２項）。したがって、取消請求する者が不使用であることの証明をしなければならないわけではない。次に、広告の端に２、３回商標を掲載しただけといったような形式的使用では、「使用」とはいえない。また、「使用」といえるためには、類似商標を使用しているだけでは足りず、あくまで登録商標と同一の商標を使用していることを要するという点に注意が必要である。商標を登録した以上、登録したままのかたちで使用するよう、法が誘導しているということである。同一なのか類似なのかは微妙であるが、ひらがなの商標をカタカナで使う場合で、生じる観念が変わらないといえるときなどは、同一といえる。さらに、取消審判の請求がされることを知った後に、駆け込み的に当該商標を用いても、「使用」とは認められない（50条３項）。

⒝不正使用による商標登録取消審判

　商標権者が故意に登録商標に類似する商標を使用した場合にも、だれでも商標登録取消審判の請求ができる（51条１項）。具体的には、故意に、登録商標に類似する商標を使用したり、指定商品・指定役務に類似する商品・役務についての登録商標や類似

商標を使用したときで、かつ、商品・役務の質に誤認を引き起こしたり、他人の商品・役務と混同を生じるおそれがある場合をいう。また、使用権者の不正使用についても類似の規定がある(53条)。

(4)設例の検討

設例のAとしては、「桜丘の桜吹雪」という商標登録を有するBから商標使用権の付与を受け、あるいは商標権を譲り受ける方法をとることも考えられる。しかし、これらの方法をとることができないときは、不使用による商標登録取消審判を経たうえで、みずから商標登録を出願する方法が考えられる。

4 商標権の効力

【1】概要

商標権者は、指定商品・役務について、登録商標の使用をする権利を専有する(25条)。排他的・独占的な権利が与えられる点は特許権等と同様である。

ここでいう「使用」とは、商品あるいはその包装に標章を付ける行為や、標章が付けられた商品を譲渡したり譲渡目的で輸出入したりする行為などをいう(2条3項1号、2号)。また、宅配便のトラックのように、役務提供の際に用いられるものに標章を付けたり、標章が付けられたものを用いて役務を提供したりする行為なども、「使用」にあたる(2条3項3号、4号)。さらに、商品・役務に関する広告や定価表などに標章を付けて展示、頒布する行為も「使用」にあたる(2条3項8号)。音の商標については、商品の譲渡・引渡しや役務の提供のために、実際に機器を用いて再生する行為や楽器を用いて演奏する行為などが「使用」にあたる。

®と "TM"

身近な商品の商品名の隣に、®というマークが付されているのを見たことがないだろうか。これは、慣用的に登録商標を表すマークとして使われているものである。®はregister(登録)に由来する。アメリカ法に規定のあるマークであるが、日本の商標法上、特に根拠はない。そのため、登録商標に®マークを付さなければならないわけではなく、逆にこのマークが付されていなくとも、他人の登録商標を勝手に用いれば商標権侵害となる。

他方、"TM"というマークは、trademark(商標)に由来する。よく見かける例としては、サッカーのFIFAワールドカップという名称の横に付されているものがある。これも日本の商標法に根拠はなく、アメリカにおいて主観的に商標だと思ったもの(商標登録の有無はおろか、商標法上有効か否かも問わない)に付するマークとして用いられているものである。

【2】商品・役務の類似性と商標の類似性

　商標権はその性質上、特許権等よりもはるかに容易に侵害されてしまう。そこで、商標権者には、前述した登録商標を専用する権利（専用権）*1のほかにも、他人が、指定商品または指定役務と同一の商品または役務に、自己の登録商標と類似する商標を使用することや*2、指定商品または指定役務と類似する商品または役務に、自己の登録商標と同一のまたは類似の商標を使用することを禁止する権利（禁止権）*3も認められている。

4-17　商標権の効力が及ぶ範囲

商標権の効力が及ぶ範囲		指定商品または役務		
		同一	類似	非類似
商標	同一	専用権（*1）	禁止権（*3）	×
	類似	禁止権（*2）	禁止権（*3）	×
	非類似	×	×	×

　そこで、以下、商品・役務の類似性、および商標の類似性をいかに考えるかについて説明する。

(1)商品・役務の類似性

　商品の類似性判断基準について、判例は「指定商品が類似のものであるかどうかは、……商品自体が取引上誤認混同の虞があるかどうかにより判定すべきものではなく、それらの商品が通常同一営業主により製造又は販売されている等の事情により、それらの商品に同一又は類似の商標を使用するときは同一営業主の製造又は販売にかかる商品と誤認される虞があると認められる関係にある場合には、たとえ、商品自体が互に誤認混同を生ずる虞がないものであっても、……類似の商品にあたると解するのが相当である」と判示している（〈橘正宗事件〉最判昭和36年6月27日民集15巻6号1730頁〔商標・意匠・不正競争百選23事件〕）。

　役務に関して類似性が認められた事案として、「電子計算機通信ネットワークによる広告の代理、広告文の作成」を指定役務とする「Career-Japan」という登録商標を有

するXと、「求人情報の提供、職業のあっせん、電子計算機通信ネットワークによる求人情報の提供及び職業のあっせん」を指定役務とする「DISCO CAREER JAPAN」という登録商標を有していたYが、互いに商標権侵害を主張して損害賠償および差止めを求めたという事件がある。役務の類似性判断基準について、裁判所は「役務が類似するか否かは、両者の役務に同一又は類似の商標を使用したときに、当該役務の取引者ないし需要者に同一の営業主の提供に係る役務と誤認されるおそれがあるか否かによって決すべきであると解するのが相当である。そして、この類否の判断に当たっては、取引の実情を考慮すべきであり、具体的には、役務の提供の手段、目的又は場所が一致するかどうか、提供に関連する物品が一致するかどうか、需要者の範囲が一致するかどうか、業種が同じかどうかなどを総合的に判断すべきである」としたうえで、Yが行っている業務は、Xが行っている広告代理業務と同一または類似すると判示した（〈Career-Japan事件〉大阪地判平成16年4月20日判例集未登載）。

(2)商標の類似性

　商標の類似性の判断基準について、判例は、特許庁の審査基準をふまえたうえで、「商標の類否は、対比される両商標が同一または類似の商品に使用された場合に、商品の出所につき誤認混同を生ずるおそれがあるか否かによって決すべきであるが、それには、そのような商品に使用された商標がその外観、観念、称呼等によって取引者に与える印象、記憶、連想等を総合して全体的に考察すべく、しかもその商品の取引の実情を明らかにしうるかぎり、その具体的な取引状況に基づいて判断するのを相当とする」と判示している（〈氷山印事件〉最判昭和43年2月27日民集22巻2号399頁〔商標・意匠・不正競争百選18事件〕）。実際には、商標自体の外観・称呼・観念のいずれかが類似していれば、原則として類似性が認められる。ここで、外観の類似とは見た目が紛らわしいことを、称呼の類似とは発音が紛らわしいことを、観念の類似とは意味が似ていて同じものを連想させることをいう。

★**重要判例〈小僧寿し事件〉（最判平成9年3月11日民集51巻3号1055頁〔商標・意匠・不正競争百選22事件〕）**
　事件の概要は、商標「小僧」の登録を受けた者が、寿司チェーンの「小僧寿し」を訴えたというものである。判決は、「小僧寿し」が著名な寿司のフランチャイズチェーンの略称として需要者に広く認識されているという事情のもとで、「小僧」と「小僧寿し」との商標の類似性を否定した。

【3】商標権の効力の制限

[設例]

　Aは、東京都八王子市で20年前から、お好み焼き屋「モダン魂」を経営している。ところが最近、大阪でチェーン展開しているお好み焼き屋「モダン魂」が、東京に進出してきた。先方は、「『モダン魂』という名前は商標登録を受けているから、もはやAがこの名前を使うことはできない」と主張している。Aとしては、長年多くの顧客に親しまれて近隣ではよく知られている店の名前を変えたくはないが、使用を続けることはできないのだろうか。

　特許権等と同じく、商標権にも広い意味での公益上の観点から効力を制限される場合がある。もっとも、具体的な事由はやや異なっている（たとえば、商標を試験・研究のために使用するなどということは考えられないであろう）。以下で説明する。

4-18　商標権の効力の制限

①商標権の効力が及ばない場合
②他人の使用権が存在する場合
③他人の知的財産権と抵触する場合
④他人の先使用権が存在する場合
⑤判例上の制限がある場合
⑥権利行使制限の抗弁が主張された場合

(1)商標権の効力が及ばない場合

　商標法26条1項は、商標権の効力が次に掲げる商標に及ばないと規定している。

(a)自己氏名等使用

　自己の肖像、氏名、名称、著名な雅号、芸名、筆名もしくはこれらの著名な略称を普通に用いられる方法で表示する標章については、使用しても商標権侵害にならない（1号）。人格的利益を保護するためである。

(b)普通名称・品質等の通常表示

　指定商品または指定商品に類似する商品の産地、販売地、品質や、指定役務または指定役務に類似する役務の提供の場所、質などを普通の方法で表示する商標は、使用しても侵害にならない（2号、3号）。

　2号、3号が問題になるのは、基本的に過誤登録の場合である。すなわち、過誤登録も、登録無効審判で無効と判断されないかぎり有効であり、普通名称等の通常使用も商標権侵害となってしまう。しかし、このような商標の使用は本来許容されるは

ずである。それにもかかわらず審判での判断を待つとしたのでは救済に時間がかかり、市場に及ぼす悪影響は多大なものになる。そこで、たとえ商標権侵害を主張されたとしても、26条1項2号、3号に該当する標章であると主張できることとした。

(c)慣用表示

指定商品・役務あるいはこれらに類似する商品・役務について慣用されている表示は、使用しても侵害にならない(4号)。これも、主に過誤登録の場合において、商標権侵害を否定するためにおかれた規定である。

(d)不可欠形状表示

商品等が当然に備える特徴のうち、政令で定めるもののみからなる商標は、使用しても侵害にならない(5号)。これも、基本的に、過誤登録の場合において、商標権侵害を否定するための規定である。

(e)商標的使用でない商標

商標は、本来的には、自他商品識別機能を発揮する態様で使用されていること(商標的使用であること)が必要である。商標的使用がされていない商標には、商標権の効力が及ばない(6号)。たとえば、ある商標が、洋服デザインの一部として装飾的に使用されているにすぎず、需要者が洋服の出所(目じるし)として認識しない場合、商標的使用が否定され、商標権の効力が及ばない。

(2)他人の使用権が存在する場合

商標権にも特許権等と同じく専用使用権、通常使用権を設定することができる。これら使用権が設定されると、そのかぎりで商標権者の権利行使は制限されることになる。

(3)他人の知的財産権と抵触する場合

商標権者等は、指定商品・役務についての商標の使用が、その商標出願前に出願された他人の特許権、実用新案権、意匠権と抵触する場合には、その態様で登録商標の使用をすることはできない。商標出願前に生じた他人の著作権、著作隣接権と抵触する場合も同様である(29条)。商標権は、他人の知的財産権と抵触する場合があるので、その際の優先関係を規定したものである。

(4)他人の先使用権が存在する場合

他人が商標出願する前から、指定商品・役務あるいはこれらに類似する商品・役務について、当該商標と同一・類似の表示を使用している場合、それが需要者の間に周知であれば、その表示を使用し続けることができる(先使用権、32条1項)。つまり、登録商標と先使用権者の標章が併存することになる。

これは、他人によって商標が登録されたからといって、すでに信用が化体している

表示が使用不可能となるのでは、かえって需要者が従来の使用者と登録者を混同するおそれがあることからおかれた規定である。また、ここでいう周知とは、32条1項が4条1項10号のような強い効果をもつ規定ではないため、より狭い地域で知られていることをもって足りると解されている（②【3】(3)(a) 参照）。

なお、先使用権は、周知性のある地域においてのみ生じるのであって、先使用権者は当該表示を周知性のない地域にまで広げて使用することはできない。

(5)判例上の制限がある場合

判例上、商標権侵害となるには、商標が単に商品に表示されているだけでなく、商標的使用がなされていること、すなわち、出所表示機能・出所識別機能を果たす態様で用いられていることが必要であるとされている（〈ピースマーク事件〉東京地判平成22年9月30日判時2109号129頁〔商標・意匠・不正競争百選26事件〕）。

また、真正商品を外国から輸入して日本国内で販売する行為は、①当該商標が外国における商標権者または当該商標権者から使用許諾を受けた者により適法に付されたものであり、②当該外国における商標権者とわが国の商標権者とが同一人であるかまたは法律的もしくは経済的に同一人と同視しうるような関係があることにより、当該商標がわが国の登録商標と同一の出所を表示するものであって、③わが国の商標権者が直接的にまたは間接的に当該商品の品質管理を行いうる立場にあることから、当該商品とわが国の商標権者が登録商標を付した商品とが当該登録商標の保証する品質において実質的に差異がないと評価される場合には、真正商品の並行輸入として商標権侵害にならないとされている（〈フレッドペリー事件〉最判平成15年2月27日民集57巻2号125頁〔商標・意匠・不正競争百選33事件〕）。

(6)権利行使制限の抗弁が主張された場合

特許権の場合と同様に、商標権でも、無効理由の存在が明らかな場合は商標権の行使を許さないとする、権利濫用の抗弁が判例上認められてきた（〈ポパイ・マフラー事件〉最判平成2年7月20日民集44巻5号876頁〔商標・意匠・不正競争百選37事件〕）。そこで、2004年改正により、商標登録が無効審判により無効とされるべきものと認められるときは、商標権に基づく権利行使は許されないとする権利行使制限の抗弁が明文化された（商標39条・特許104条の3）。

(7)設例の検討

以上を設例においてみると、Aの「モダン魂」は、長年多くの顧客に親しまれ、近隣ではよく知られた名前であるから、周辺地域では周知になっていると思われる。したがって、Aは先使用の主張をして、「モダン魂」の使用を続けることができる。

【4】 商標権侵害に対する救済手段

　商標権侵害がなされたときまたは商標権侵害のおそれがあるときは、商標権者は侵害者に対し、侵害行為の差止請求をすることができる（商標36条１項）。その際、侵害組成物（違法コピー商品など）の廃棄や侵害供用設備（製造設備など）の除却といった必要な行為をも請求できる（36条２項）。この差止請求に関して、著作権法における「カラオケ法理」（第２章 9【3】(1)(a) 参照）と同様の論理により、インターネットショッピングモールの運営者に侵害主体性を認めた裁判例がある（〈チュッパチャプス事件〉知財高判平成24年２月14日判時2161号86頁〔商標・意匠・不正競争百選40事件〕）。

　また、侵害者に故意・過失があれば、不法行為として損害賠償請求することもできる（民709条）。この場合、損害や因果関係の立証は困難であるので、商標権者の能力を考慮しつつ、損害額を推定するという特許法102条と同様の規定が、商標法にもおかれている（商標38条）。

　さらに、不当利得返還請求をすることもできる（民703条、704条）。これは不法行為による損害賠償請求権が時効消滅したときに意味をもつ。なぜなら、不当利得の時効消滅期間は、権利行使が可能であることを知った時点から５年（166条１項１号）、または、権利行使可能な時点から10年である（166条１項２号）のに対し、不法行為による損害賠償請求権は３年の短期消滅時効にかかることがあるからである（724条１号）。

　なお、侵害者には10年以下の懲役もしくは1000万円以下の罰金またはこれらの併科という刑事罰が科せられ（商標78条以下）、法人にも３億円以下の罰金が科せられる（82条１項１号）。

5　消滅

　商標権の消滅事由としては、特許権等の場合と同じく、存続期間の満了（19条）等がある。

6　特殊な商標

　特殊な商標として、次のような商標の登録ができる。

【1】団体商標

　団体の構成員に使用させる目的で取得する商標をいう。ある企業が単独で自社のブランドを国内・海外で通用するものに育てるのは容易でないことから、地域や産地全体が力を結集して統一のブランドを育成していくことが行われている。団体商標は、このようなときに、みずからは商標を使用せずに団体の構成員に商標を使用させるために、団体自身の名義で商標を登録できるというものである（7条）。具体例としては、燕市の洋食器団体のツバメ印がある。

【2】地域ブランド（地域団体商標）

　地域おこしの観点から地域名と商品名からなる商標を地域の産物等に用いて、いわゆる地域ブランドとして売りだし、地域経済の活性化を図ろうという試みが増加している。こうした観点から、地域団体商標は、事業協同組合、農業協同組合、商工会、商工会議所、NPO法人等が、一定の範囲で周知性（たとえば隣接都道府県の需要者に知られている程度といわれている）を獲得した地域ブランドについて、商標登録することを認めている（7条の2）。この地域団体商標制度によって、地域ブランドによる地域の活性化や産業競争力の強化がいっそう促進されることが期待されている。実際に登録された例として、「松阪牛」「草津温泉」「横濱中華街」「博多人形」「沖縄そば」などがある。

【3】防護標章登録

　登録された商標権は、指定商品・役務と類似する商品・役務までしか効力が及ばない。そのため、登録されている商標でも著名なものはその信用や顧客誘引力を狙って、非類似の商品や役務に流用されてしまうことがある。これを防ぎ、自己の登録商標を保護するための制度が、防護標章登録である。防護標章登録をすることで、他者は、非類似の商品・役務であっても、当該商標を使用することができなくなる（64条）。よく知られた商標には、防護標章登録のされたものが多くある。たとえば、Panasonicの商標が、防護標章として登録されている。

⑦ 商標権の経済的利用

　商標権も他の工業所有権と同様に権利を移転したり、使用権（特許でいう「実施権」にあたる）を付与したり、といった経済的利用ができる。

このうち、移転について、かつては、商品の出所混同・品質誤認を避けるため、商標権は営業とともにでなければ移転できないとされていた(旧12条1項)。しかし、商標だけの移転を認める実際上の必要や、商標の機能として出所の明示より商品や役務の質を保証することが重視される傾向にかんがみ、現行法では、商標権は地域団体商標を除き、営業と分離して、自由に売買その他の手段によって移転することが認められている(商標権の自由譲渡、24条の2)。なお、登録が効力要件となる(35条・特許98条1項1号)。

　また、使用権については、特許権等と同じく、専用使用権と通常使用権がある。身近な例としては、フランチャイズ契約による商標の使用権があげられる。2019年改正により、自治体や大学等が、自身を表示する著名な商標について、第三者にライセンスを行うことができるようになった。他方、特許法の場合とは異なり、裁定による使用権は規定されていない。

8　商標情報

　商標についても情報収集が大切であることは、特許権等と同様である。商標公報等の基本的な情報は、特許権等と同様、特許情報プラットフォーム(J-PlatPat)等で収集することができる。特許情報プラットフォームでは、称呼が類似する可能性がある商標まで広く検索することができる。もっとも、外観や観念の類似について、類似商標とみなされる商標を完全に検索することができるわけではない。そこで、実際の商標選定に際しては、はじめに特許情報プラットフォームで同一・類似の商標登録がないかを調査しておき、選定の最終段階で残ったいくつかの候補について、専門家である弁理士に精密な調査の依頼や相談を行うことが必要である。

　商標の情報収集や調査については、次のような点にも注意が必要である。まず商標は、当然に全国に効力の及ぶ権利である。したがって、商標権者が北海道でのみ使用しているものと同一・類似の商標を、九州で同一・類似の商品について使用することも侵害行為となる。次に、未登録の商標についても出願中のものであれば、金銭的請求権の対象となるおそれがある。したがって、これについての情報収集も怠ってはならない。

第 5 章

不正競争防止法

1 不正競争防止法の意義

　今日の経済社会において、各経済主体には営業の自由や競争の自由が認められている。しかし、この自由はあくまで市場の発展のために与えられているものであって、経済秩序を乱すようなアンフェアな行為は許されない。こうしたアンフェアな行為を政策的に規制し、営業・競争の公正を確保するために、不正競業法とよばれる法分野が形成されているのである。

　不正競業法とよばれる法分野のうち、比較的一般性のある法律が、独占禁止法と不正競争防止法である。この2つの法律は、ともに競争秩序を維持する目的をもつとい

5-1

目的(1条)	違反に対する措置
不正競争の類型(2条1項)	**民事的措置**
①商品等の主体混同行為(1号)	・差止請求権(3条)
②著名表示の不正利用(2号)	・損害賠償請求権(4条)
③商品形態のデッドコピー(3号)	・損害額の推定(5条)
④営業秘密の不正取得等(4〜10号)	・立証責任の転換(5条の2)
⑤限定提供データの不正取得(11〜16号)	・信用回復措置(14条)
⑥技術的制限手段回避措置の提供(17・18号)	**刑事的措置**
⑦ドメイン名の不正取得等(19号)	・罰則(21条) 営業秘密侵害罪:10年以下の懲役もしくは2000万円以下の罰金 その他:5年以下の懲役または500万円以下の罰金
⑧商品性質の誤認誘導行為等(20号)	・両罰規定(22条)
⑨信用毀損行為(21号)	・国外での行為に対する処罰(21条6〜8項)
⑩代理人等による商標不正使用(22号)	・営業秘密侵害行為による不当利益等の没収(21条10項等)
不正競争以外の違反行為(16〜18条)	①②③④⑥⑧および不正競争以外の違反行為は刑事的措置の対象

う点で共通しており、知的財産法や業法と比較して抽象性が高く、広範囲に適用できる。さらに、民法の不法行為規定と異なり、効果として差止めが認められている点が強みである。

　不正競争防止法は、民法の不法行為法(民709条)の特別法にあたる。この法律は、事業者間の不正な競争行為を規制し、もって経済の健全な発展に寄与することを目的としている(不正競争1条)。知的財産権に関する諸法は、権利を付与して物権的な効果を与える形式をとっているが、不正競争防止法は、特定の類型に該当する行為を禁止する形式をとる。このことにより、不正競争防止法は、特許法、意匠法、商標法等には含まれない、いわゆる権利の隙間の侵害事件に対して効果を発揮するのである。

　不正競争防止法を概観すると、前頁の図5−1のようになる。

2 不正競争の内容・要件

【1】 商品等の主体混同行為

> ［設例］
>
> 　「かもめ屋」は、長年にわたり横浜市およびその周辺で、高級洋菓子を販売してきた。同店は、上品さをモットーに、若い女性を主な顧客として、デパートを中心に店舗を展開している。ところが先日、南隣の鎌倉市で、「かもめ屋」とは無関係の「鎌倉カモメ屋」が、鶴岡八幡宮周辺の観光地で、観光客をターゲットに鎌倉の風物をかたどった和菓子を販売し始めた。このような場合、「鎌倉カモメ屋」の表示は、「不正競争」にあたらないだろうか。

(1)総説

　周知性のある他人の商品等表示に類似した表示の使用を認めると、一方で需要者は営業者を誤認し、他方で企業は長期間かけて蓄積してきた表示に対する信用を失うおそれがある。そこで、2条1項1号は、周知性のある他人の商品等表示を用いて他人の商品または営業と混同を生じさせる行為は「不正競争」にあたるとして、周知性のある表示にフリーライドすることを一定の要件のもとで規制している。

(2)要件

(a)商品等表示

　商品等表示とは、「人の業務に係る氏名、商号、商標、標章、商品の容器若しくは

包装その他の商品又は営業を表示するもの」をいう（2条1項1号括弧書）。具体的に列挙されている表示のほか、裁判例では出所識別力のある商品形態（たとえば、鳩サブレやたまごっち）についても商品等表示にあたるとされている。

(b)周知性

　保護される商品等表示は、需要者の間に広く認識されていること（周知性）が必要となる。具体的に信用が生じた商品等表示にかぎり、保護されるためである。もっとも、全国的に周知である必要はなく、一地方のみで周知であっても足りる。

(c)類似性

　他人の表示に類似した表示を利用した場合にかぎり、不正競争となる。類似性は、「取引の実情のもとにおいて、取引者、需要者が、両者の外観、称呼、又は観念に基づく印象、記憶、連想等から両者を全体的に類似のものとして受け取るおそれがあるか否か」を基準に判断される（〈日本ウーマン・パワー事件〉最判昭和58年10月7日民集37巻8号1082頁〔商標・意匠・不正競争百選70事件〕）。

> ### ★重要判例〈日本ウーマン・パワー事件〉（最判昭和58年10月7日民集37巻8号1082頁〔商標・意匠・不正競争百選70事件〕）
>
> 　「マンパワー・ジャパン株式会社」という商号および「マンパワー」という通称を用いて事務処理請負業を営んでいた者が、「日本ウーマン・パワー株式会社」という商号を用いて同種の事務処理請負業を営んでいた者に対して商号の使用差止め等を求めたものである。最高裁は、営業表示の類似性は、「取引の実情のもとにおいて、取引者、需要者が、両者の外観、称呼、又は観念に基づく印象、記憶、連想等から両者が全体的に類似のものとして受け取るおそれがあるか否か」を基準に判断されるとした。そして、「マンパワー」および「ウーマン・パワー」は、いずれも人の能力、知力を連想させ、観念において類似のものと受け取られるおそれがあるとして、営業表示の類似性を認めた。

(d)混同のおそれ

　商品の出所または営業主体が同一であると誤認させるおそれのことをいう（狭義の混同のおそれ）。

　さらに、周知表示の主体と類似表示の主体が、なんらかの組織上・経済上の関連性があると誤認させるおそれ（広義の混同のおそれ）がある場合も含まれる（〈日本ウーマン・パワー事件〉、〈アメリカンフットボール事件〉最判昭和59年5月29日民集38巻7号920頁〔商標・意匠・不正競争百選68事件〕、〈スナックシャネル事件〉最判平成10年9月10日判時1655号160頁〔商標・意匠・不正競争百選72事件〕参照）。

★**重要判例〈スナックシャネル事件〉（最判平成10年9月10日判時1655号160頁〔商標・意匠・不正競争百選72事件〕）**

　世界的に有名な「シャネル」の表示を使用するシャネルグループに属する法人が、「スナックシャネル」という表示を使用して小規模な飲食店を営業する者に対し、営業表示の使用差止め等を請求したものである。最高裁は、企業を取り巻く経済等の変化に対応しつつ、周知の営業表示を使用する者の正当な利益を保護するためには、営業が類似する場合における狭義の混同だけでなく、広義の混同惹起行為をも禁止することが必要であるとする従来の最高裁の立場を確認したうえで、使用差止請求を認めた。

(3)適用除外

　普通名称・慣用表示は、普通の方法で利用するかぎりで、差止請求、損害賠償等の規定が適用されない（19条1項1号）。自己の氏名の使用（19条1項2号）、周知性獲得以前からの他人の商品等表示の使用（19条1項3号）についても、不正目的でないかぎり、同様である。

(4)設例の検討

　まず、設例の「かもめ屋」は、洋菓子の販売を行っているのであるから、「かもめ屋」の表示は、「人の業務に係る」「商号」として他人の商品等表示にあたる。次に、「かもめ屋」は、長年横浜市およびその周辺で洋菓子販売をしていたのであるから、南隣の鎌倉市においても周知性が認められるはずである。また、「かもめ屋」と「鎌倉かもめ屋」であれば、営業表示の類似性も認められるであろう。さらに、「かもめ屋」は高級洋菓子を中心とし、「鎌倉カモメ屋」は観光土産の和菓子を中心とするが、洋菓子も和菓子も同じ菓子類であって密接に関連する品目であるから、両者の出所が混同されるおそれがないともいいがたい。加えて、これらの商品を購入する顧客の間に、顧客層の差異といえるほどの顕著な違いがあるともいいがたい（高級洋菓子店の顧客も観光客になりうる）。したがって、「鎌倉カモメ屋」の表示は、商品等の主体混同行為としての「不正競争」にあたるであろう（〈コトブキ事件〉大阪高判平成10年1月30日知的裁集30巻1号1頁）。

【2】著名表示の不正利用

　　［設例］

　「W」のマークをトレードマークに掲げて展開している「ワクドナルド」は、世界的に有名なファストフードチェーンを営む会社である。その親しみやすいネーミ

ングに着目したAは、スポーツ用品店「ワクワクドナルド」を出店した。この「ワク
ワクドナルド」は、「W」マークを看板に掲げ、従業員にも「W」マークをあしらっ
た制服や帽子を着させるなどしておおいに人気を集め、Aはチェーン店化を計画
している。Aの行為は、「不正競争」とはならないのだろうか。

(1)総説

多大な宣伝広告費を投下し、長年の企業努力によって形成されてきた著名な商品等
の表示には、独自の顧客吸引力があり、財産的価値がある。混同が生じない場合で
あっても、このような著名表示が無断で利用されれば、著名表示の主体は、①著名ブ
ランドの顧客吸引力へのフリーライド、②ブランドイメージの希釈化、③ブランドイ
メージの汚染等の不利益を被ることになる。そこで、2条1項2号は、自己の商品
等表示として、他人の著名な商品等表示と同一または類似のものを利用する行為を
「不正競争」として規制している。1号の場合とは異なり、混同のおそれは要件として
要求されない。

(2)要件

⒜著名性

2条1項2号の保護を受ける商品等表示は、著名なものにかぎられる。つまり周
知性よりも高いハードルとなっているのである。全国的に著名であることを要すると
する裁判例が多い。裁判例で著名性が認められたものとしては、「三菱」の名称および
スリーダイヤのマーク、ルイ・ヴィトンのモノグラム、「MARIO KART」などがある。

⒝類似性

1号の場合と同様、類似性が要求される。類似性の判断については、1号と同様、
「取引の実情の下において、取引者、需要者が、両者の外観、称呼、又は観念に基づ
く印象、記憶、連想等から両者を全体的に類似のものとして受け取るおそれがあるか
否かを基準として判断するのが相当である」とする裁判例がある(〈正露丸事件〉大阪高
判平成25年9月26日判例集未登載)。

⒞自己の商品等表示としての利用

自己の商品等表示以外の態様で利用しても、不正競争には該当しない。たとえば、
コーヒー会社が「GAP」と描かれたTシャツを着たモデルを使って広告を作っても、
コーヒーの商品名を「GAP」と表示しているわけではないので、不正競争にはあたらない。

(3)適用除外

著名表示の不正利用の適用除外規定は、商品等の主体混同行為の適用除外規定とほ

ぼ同様である(19条1項1号、2号、4号)。

(4)設例の検討

　まず、設例のファストフード店「ワクドナルド」は、世界的に有名なファストフードチェーンであり、著名性が認められる。次に、「ワクドナルド」と「ワクワクドナルド」を比べてみると、「ワクドナルド」は固有名詞であり、これを重要部分としてみることにより、「ワクワクドナルド」には類似性が認められる(なお、「W」のマークにも類似性が認められ、商標権侵害の可能性もある)。そして、Aは自己が出店し、チェーン店化を計画しているスポーツ用品店に「ワクワクドナルド」といった表示を利用しているから、自己の商品等表示として利用しているといえる。以上のように考えると、A氏の行為は著名表示の不正利用として「不正競争」にあたるといえよう。

【3】 商品形態のデッドコピー

> ［設例］
>
> 　A社は、aのようなコーヒーカップの販売を始めた。販売開始して半年後、B社がそっくりな商品(b)を売り出した。また、C社もそっくりな形で模様違いの商品(c)を売り出した。B社やC社の行為は「不正競争」となるか。

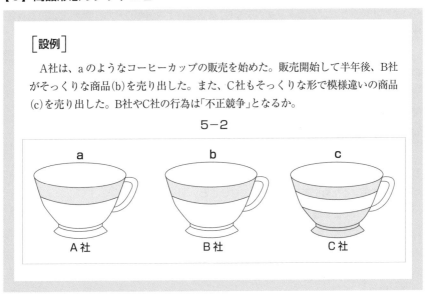

5-2

(1)総説

　ある商品を最初に市場にだした者は、他者が競合商品を市場にだすまでの間、投下資本を有利に回収できる(市場先行の利益)。ところが、かりに、他者が自由に商品形態を模倣することができるとすると、競合商品が市場にでてくるまでのタイム・ラグが短くなり、市場先行の利益は失われる。他方、模倣する他者には開発費がほとんどかからない。しかも、ヒット商品だけを模倣すればよいのだから、経済的リスクをほ

とんど負わずにすむ。つまり、商品を独自に開発した者よりも、他者の模倣をする者のほうが有利になってしまう。しかし、これではだれもみずから新商品を開発しなくなる。そこで、2条1項3号は、他人の商品の形態を模倣した商品の譲渡、貸渡し、譲渡・貸渡し目的での展示、輸出、輸入をする行為を「不正競争」として禁止している。いわゆるデッドコピー(そっくりな製品)の規制である。

(2)要件

(a)商品形態の模倣

「商品の形態」とは、「需要者が通常の用法に従った使用に際して知覚によって認識することができる商品の外部及び内部の形状並びにその形状に結合した模様、色彩、光沢及び質感」をいう(2条4項)。裁判例では、商品全体の形態が同種の商品と比べて何の特徴もないありふれた形態である場合には、特段の資金や労力をかけることなく作りだすことができるものであるから、「商品の形態」に該当しないとされている(〈コイル状ストラップ付きタッチペン事件〉東京地判平成24年12月25日判時2192号122頁〔商標・意匠・不正競争百選89事件〕)。

また、「模倣する」とは、他人の商品の形態に依拠して、これと実質的に同一の形態の商品を作りだすことをいう(2条5項)。したがって、まったく同じ商品でなくても、実質的に同一の形態の商品を作りだせば、「模倣」にあたる(〈小熊タオルセット事件〉大阪地判平成10年9月10日知的裁集30巻3号501頁参照)。

(b)模倣商品の譲渡等

2条1項3号は、模倣自体を不正競争としておらず、譲渡・貸渡し、譲渡・貸渡し目的での展示・輸出・輸入する行為をもって不正競争としている。

(c)機能を確保するために不可欠な形態でないこと

当該商品の機能を確保するために不可欠な形態をそのまま利用しても、「不正競争」にはあたらない(2条1項3号括弧書)。このような形態についてまで利用を禁止すると、事実上、商品の形態を超えて、その商品自体を独占させることになってしまうからである。

(3)適用除外

商品を販売してから3年程度の期間保護を与えれば、市場先行の利益を必要十分に享受できると考えられる。そこで、国内において最初に販売した日から3年を経過した商品のデッドコピーの譲渡、貸渡し、譲渡もしくは貸渡しのために展示し、輸出し、または輸入をする行為については、差止請求権、損害賠償等の規定は適用されない(19条1項5号イ)。

また、他人の商品形態を模倣して作られた商品を善意無重過失で譲り受けた者が、

その商品の譲渡、貸渡し、譲渡・貸渡し目的での展示、輸出、輸入をする行為についても、同様である(19条1項5号ロ)。これは、不正競争防止法の保護が何らの公示なしに与えられることから、取引の安全を図るためにおかれた規定である。

5-3

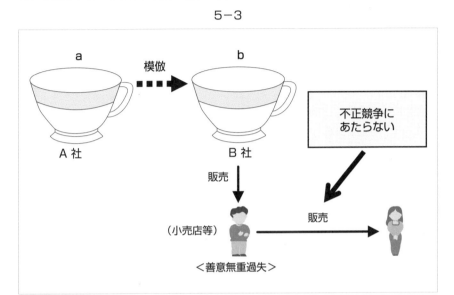

⑷設例の検討

設例におけるC社の商品はA社のものと形は同じだが、半球型のカップに持ち手がついていることはコーヒーカップの機能を確保するために不可欠な形態(2条1項3号括弧書)である。したがって、形が同じことをもって「模倣」とはいえない。そして、模様については両者は異なっているため、C社の商品はA社の商品の「模倣」とはいえず、これを販売しても2条1項3号の「不正競争」とはならない。

他方、B社の商品はA社のものと形のみならず模様もまったく同じであるから「模倣」にあたり、B社がそれを販売することは「譲渡」として、2条1項3号の「不正競争」にあたる。

【4】営業秘密の不正取得等

［設例］

かつらの販売をしているA社(従業員7人)では、顧客名簿について、表紙に㊙

と押印し、店内カウンター内側の顧客から見えない場所に保管していた。ところが、A社の従業員Bはこの顧客名簿を持ち出して同業のC商店に売りつけてしまった。C商店はBが勝手に持ち出した顧客名簿であることを知っていたにもかかわらずこれを買い取り、ダイレクトメール送付に利用した。BやC商店の行為は「不正競争」になるのだろうか。

(1)総説

　企業活動の成果として得られる情報には、知的財産権が付与されえないもの（顧客名簿等）や、商品を分析してもその内容がわからないもの（香水の組成等）がある。また、実用新案等の知的財産の登録には時間がかかることから、ライフサイクルの短い商品についての情報は、知的財産権を取得するまでの必要がないこともある。そして、このような情報は、秘密に管理することで模倣を防ぐことができる。そこで、企業が秘匿・管理している秘密を不正に取得・利用する行為は、「不正競争」として禁止されている（2条1項4号から10号まで）。

(2)営業秘密

(a)営業秘密とは

　営業秘密とは、秘密として管理されている生産方法、販売方法その他の事業活動に有用な技術上または営業上の情報であって、公然と知られていないものをいう（2条6項）。すなわち、①管理性、②非公知性、③有用性の3つが要件となる。

5-4

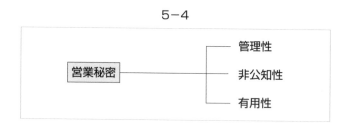

(b)管理性

　特定の情報が秘密として管理されているというためには、事業者が主観的に秘密にしておく意思を有しているだけでなく、従業員や外部者が、その情報が秘密であることを十分に認識できる状態にしておくことが必要である。営業秘密として保護されるために必要な管理の水準について、経済産業省は営業秘密管理指針を策定している。

(c)非公知性

一般に知られていない情報であれば、非公知性の要件をみたす。もっとも、公然と知られている情報であったとしても、複数の情報の組合せ等の場合は、組合せの容易性や取得に要するコストによっては、非公知となる可能性がある。

(d)有用性

営業秘密として保護されるためには、当該秘密が有用なものでなければならない。

ただし、情報の有用性を高いレベルで判断すると、有用か否かの判断が微妙になり、情報の利用が萎縮するおそれがある。そもそも、情報が有用だからこそ取得しようとするのであるから、有用性を厳格な基準で判断すべきではない。

たとえば、経営者のスキャンダルや贈賄疑惑等、秘密管理による模倣防止と何ら関係のない情報は有用性に欠けるだろうが、企業の開発・営業活動に関する情報の大半は有用性があるといえる。

(3)不正な行為の類型

他企業の営業秘密を取得・利用する行為であっても、すべてが不正競争にあたるわけではなく、独自のルートから情報を手に入れた場合など、取得・利用する行為が正当な場合には、情報秘匿企業を保護する必要はない。そこで、法は、いかなる取得・利用の態様が不正競争にあたるのかを類型化している。

不正競争として規制される行為は、次頁の図5-5のとおりである。

(4)適用除外

(a)2条1項4号から9号までの不正競争

取引によって営業秘密を取得した者は、取得時に善意無重過失であれば、取引によって取得した権原の範囲内において、その営業秘密を使用・開示することができる（19条1項6号）。

(b)2条1項10号の不正競争

消滅時効により営業秘密を使用する行為に対する差止請求権が消滅した後であれば、その営業秘密を使用する行為により生じた物を、譲渡したり、引き渡したり、譲渡・引渡しのための展示や輸出・輸入、電気通信回線を通じての提供をすることができる（19条1項7号）。

(5)設例の検討

最初に、A社の顧客名簿が「営業秘密」に該当するかどうかを3つの要件に照らして判断する必要がある。まず、「管理性」の要件について、A社の顧客名簿は、表紙に㊙と押印して、店内カウンター内側の顧客から見えない場所に保管されており、客観的に秘密と認識できるような状態であると評価できるので、管理性が認められる。

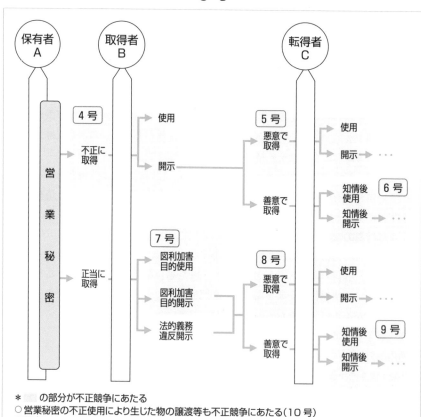

* ■ の部分が不正競争にあたる
○ 営業秘密の不正使用により生じた物の譲渡等も不正競争にあたる（10号）
○ 悪意とは、不正な経緯を知っていることをいい、善意とは、不正な経緯を知らないことをいう
　また、知情とは、不正な経緯について事後的に知ることをいう。悪意・知情にはこれらについて
　の重過失がある場合も含む
○ 図利加害目的とは、不正の利益を得る目的、または、営業秘密の保有者に損害を加える目的を
　さす
○ 6号と9号については適用除外あり（19条1項6号）

次に、非公知性の要件について、かつらの使用者は、みずからがかつらを必要とする
ことは恥ずかしくて他人に知られたくないと考えるのが通常であり、顧客名簿に記載
された情報の性質内容からして、当該かつら店以外の者に公然と知られていない情報
であることは明らかである（〈男性用かつら事件〉大阪地判平成8年4月16日知的裁集28巻
2号300頁）。したがって、A社の顧客名簿は非公知といえる。そして、有用性の要件
について、顧客名簿は、事業活動に有用な営業上の情報といえるので、有用性がある
といえる。以上より、A社の顧客名簿は営業秘密であるといえる。

次に、Bの行為が「不正競争」にあたるかについて検討すると、Bの顧客名簿の持ち出しは「窃取」であり、C社に売りつける行為は「開示」にあたる。したがって、Bの行為は2条1項4号にいう「不正競争」にあたる。

最後に、C商店の行為が「不正競争」にあたるかについて検討する。この点、C商店は、Bの持ち出しという「不正取得行為が介在したことを知って」A社の顧客名簿を「取得」している。また、これをダイレクトメール送付に利用するという「使用」行為をしている。したがって、C商店の行為は、2条1項5号にいう「不正競争」にあたる。

【5】限定提供データの不正取得等

> [設例]
>
> 　長年にわたり、自動車の走行状況についてデータを収集してきたA社は、東京都周辺のデータを、複数回にわたり、公共機関Bに提供している。A社では自動車の走行状況に関するデータは機密情報として扱われ、パスワードをかけて社内のデータベースに保管されていた。ところが、A社の競合他社であるC社によって、A社のデータベースから上記データが盗まれてしまった。C社の行為は「不正競争」にあたらないか。

⑴総説

　情報技術の発展が進む第4次産業革命のもとでは、気象データ、地図データなどのさまざまなデータに付加価値を見出すことにより多種多様な事業が拡大されており、今後もデータを利活用していくことが期待されている。もっとも、データは複製・提供が容易であるうえ、一度流出してしまえば、情報の急速な広がりにより、完全に流出を食い止めることも難しい。そこで、安全にデータを利活用できる環境を整えるため、2018年改正により、一定のデータを「限定提供データ」として、その不正な流通が規制されることとなった。

　なお、一部のデータについては、ほかの知的財産法により保護される可能性がある。詳しくは表5－6を参照してほしい。

⑵限定提供データ

⒜限定提供データとは

　限定提供データとは、業として特定の者に提供する情報として電磁的方法により相当量蓄積され、および管理されている技術上または営業上の情報（秘密として管理され

| | 要件 | | 民事措置 | | 刑事措置 | 限定提供デー |
	保護されるデータ	不正行為	差止め	損害賠償	懲役／罰金	タとの比較
データベース著作物 （著作12条の2第1項）	データベースでその情報の選択または体系的な構成によって**創作性を有するもの**	権利者の許諾のない複製等（態様の悪性は問わない）	○		○	創作性がないデータ（工場の稼働データ等）は保護されない
特許を受けた発明 （特許2条1項、29条）	①自然法則を利用した**技術的思想の創作**のうち高度のもの ②特許を受けたもの	権利者の許諾のない実施等（態様の悪性は問わない）	○		○	
営業秘密 （不正競争2条1項4号〜10号）	①**秘密管理性** ②非公知性 ③有用性	不正取得・不正使用等（悪質な行為を列挙）	○		○	他者に広く提供されるデータは保護されない
限定提供データ （不正競争2条1項11号〜16号（新設））	①限定提供性 ②電磁的管理性 ③相当蓄積性	不正取得・不正使用等（悪質な行為を列挙）	○		×	―
不法行為 （民709条）	データ一般	故意／過失による権利侵害行為	×（人格権侵害は例外的に○）	○	×	原則として差止めができない
契約 （債務不履行） （民415条）	データ一般（契約内容による）	契約違反行為	○（ただし契約当事者のみ）		×	契約当事者以外に適用できない

（出典）経済産業省「不正競争防止法平成30年改正の概要（テキスト）」（2019年）8頁

ているものを除く）をいう（2条7項）。すなわち、①限定提供性、②電磁的管理性、③相当蓄積性の3つが要件となる。

(b)限定提供性

業としての提供とは、データを反復継続して提供している場合（実際に提供していないが、反復継続して提供する意思を有している場合を含む）をさす。

(c)電磁的管理性

限定提供データとしての保護を受けるためには、データ保有者が特定の者にのみデータを提供する意思を有していることが、客観的に明らかでなければならない。具体的には、IDやパスワードなど、データへのアクセスを制限する手段が用いられていることを要する。

(d)相当蓄積性

データを基礎として新たな事業やサービスを展開するためには、相当量のデータの

蓄積が必要である。個々のデータについて相当量の蓄積が認められるか否かは、蓄積により生みだされる付加価値や、利活用の可能性など、個々のデータの性質にかんがみて判断される。

⑶不正な行為の類型

「不正競争」として規制される行為は、図5−7のとおりである。

5−7

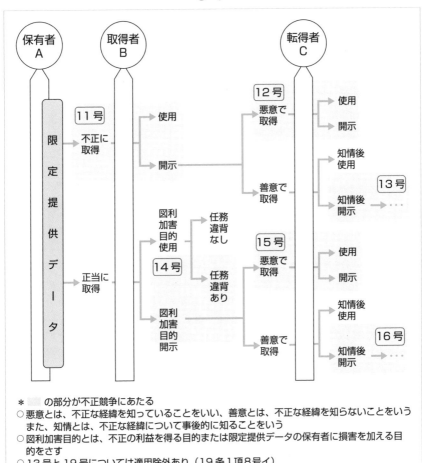

* ▨ の部分が不正競争にあたる
○ 悪意とは、不正な経緯を知っていることをいい、善意とは、不正な経緯を知らないことをいう　また、知情とは、不正な経緯について事後的に知ることをいう
○ 図利加害目的とは、不正の利益を得る目的または限定提供データの保有者に損害を加える目的をさす
○ 13号と19号については適用除外あり（19条1項8号イ）

⑷適用除外

取引によって限定提供データを善意で取得した者は、その取引によって取得した権

原の範囲内においてその限定提供データを開示することができる(19条1項8号イ)。

また、限定提供データと同一の、公衆が無償で利用可能となっているデータの取得、あるいは取得したデータの使用・開示についても、適用除外となる(19条1項8号ロ)。

(5)設例の検討

A社のデータが「限定提供データ」にあたるか。A社は、自動車の走行状況に関するデータを複数回にわたり、Bに提供しているから、「業として特定の者に」データを「提供」しているといえる。また、当該データはパスワードをかけて保管されているから、提供先であるB以外にはデータを提供する意思がないことは明らかであり、「電磁的方法により……管理されている」ことが認められる。さらに、A社は長年にわたりデータを収集しており、「相当量」の「蓄積」もあるといえる。したがって、A社のデータは「限定提供データ」にあたる。

そして、C社は、A社からデータを盗んでいるから、C社は「窃取」(2条1項11号)により限定提供データを取得しているといえる。したがって、C社の行為は「不正競争」にあたる。

【6】技術的制限手段回避装置の提供

> [設例]
>
> 　先日DVDを購入したところ、ダビングができないような処理(コピーガード)がされていた。ダビングできないのは不便だと思っていたところ、コピーガードを回避する装置(コピーガードキャンセラー)を販売している業者Aをみつけた。また、コンピュータに詳しい友人Bは、キャンセラーの役割をするコンピュータソフトを作ってしまった。DVDの海賊盤自体でなくこれらのキャンセラーであれば、販売したり製造したりしても問題ないのだろうか。

(1)総説

衛星放送等には、放送される信号にスクランブルをかけておき、対価を払う者にのみこれを回避できる装置(デコーダー)等を渡して、番組を見られるようにする仕組みがある(アクセスコントロール技術)。また、DVDやビデオソフトのなかには、ダビングしたものが出回ってソフトの売上げが減少しないように、ダビングすると品質が著しく劣化するような信号(コピーガード)を忍ばせているものもある(コピーコントロール技術)。これらの場合、放送業者やソフト販売者は、アクセスコントロール技術や

コピーコントロール技術を利用して、投下資本の回収を図っているといえる。しかし、こうした音楽、映画、写真、ゲーム、データ等の無断コピーや無断視聴を防止するための技術(技術的制限手段、2条8項参照)も完璧ではない。設例にあるようなキャンセラー装置やソフトが開発・販売されているのが現状である。そこで、これらのコントロール技術を保護して投下資本回収を支援するために、コピーガードキャンセラーのような技術的制限手段回避装置の流通自体が規制されている。

5-8

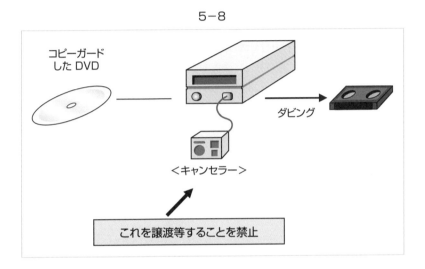

(2)要件

技術的制限手段回避装置等の提供を禁止する規定は、2条1項17号および18号におかれている。17号は、一律的制限の回避装置、たとえばDVDに施されたコピーガードを解除するキャンセラー等を対象としている。他方、18号は、特定の者以外の者に対する制限の回避装置、たとえば、衛星放送のように契約者以外の視聴・記録を防止する制限の回避装置等を対象としている(もっとも、17号と18号は、コピーコントロールとアクセスコントロールという技術的な区別に対応して規定されているわけではない。17号は、18号が規定する場合以外の技術的制限手段にかかる規定である)。

これらの技術的制限手段回避装置、プログラム、シリアルコード等の譲渡・提供や、技術的制限手段を回避するサービスの提供(たとえば、プロテクト破りを代行するサービスの提供)などが禁じられている。なお、当該技術的制限手段回避装置等が回避機能以外の機能をあわせて有する場合には、技術的制限手段の効果を妨げることによって映像の視聴等を可能とする用途に供するために行うものにかぎられる。これは、パソ

コンのように、使いようによっては、技術的制限手段を回避するために利用することもできる装置を規制から除外する必要があるためである。

(3)適用除外

技術的制限手段が有効に機能するかなどを試験・研究する目的で使用される、技術的制限手段回避装置等の譲渡・提供等あるいはサービスの提供は許される(19条1項9号)。

(4)設例の検討

設例では、業者Aが技術的制限手段回避装置であるキャンセラー装置を販売することは、「譲渡」として2条1項17号の「不正競争」にあたる。他方、友人Bはソフトを作っただけである。2条1項17号は、装置やソフトの製造自体は対象にしていないので、友人Bの行為は「不正競争」にあたらない。もっとも、著作物であるDVDについてコピーガードキャンセラーソフトを製造することは、著作権法に抵触するおそれがある(著作120条の2第1号)。

【7】ドメイン名の不正取得等

[設例]

「xyzカード」というクレジットカードを発行しているA社が、ホームページをつくるため、http://www.xyzcard.co.jpというドメイン名を取得しようとした。ところがすでにB社がこのドメイン名を取得していた。B社はこのドメイン名を1億円で買わないかとA社にたびたびもちかけている。A社は、B社がどんな会社なのか調べたところ、つい昨年設立されたばかりの会社で、絵葉書の販売業を称しているが、ほとんど営業はしていないことが判明した。B社は最初から高値で売りつけるためドメイン名を取得したとしか思えないのだが、このような行為は不正競争にあたらないだろうか。

---

(1)総説

ドメイン名とは、インターネットにおいて、個々の電子計算機を識別するために割りあてられる記号等の組合せをいう(2条10項)。

ドメイン名は、本来、インターネット上の住所を示す文字列にすぎない。しかし、事業者は、自社の社名や商品名と関連づけてドメイン名を選択することが多く、またそうすることにより、ウェブサイトに対する信用性が高まる等の効果が生じる。その

点で、ドメイン名は経済的・社会的に大きな意義を有するようになっている。

　しかし、ドメイン名の取得に際しては、何ら実質的な審査があるわけではなく、原則として先着順に登録がなされる。そのため、有名企業の社名をドメイン名として登録しておき、後に高額で転売を図る、ブランド力へのフリーライドを図る、といったような不正な行為が頻発している。そこで、2001年改正により、ドメイン名の不正取得等も「不正競争」とされることになった。

5-9

(2)要件

　「不正の利益を得る目的」または「他人に損害を加える目的」(図利加害目的)で、他人の特定商品等表示(人の業務にかかる氏名、商号、商標、標章その他の商品または役務を表示するもの)と同一もしくは類似のドメイン名を使用する権利を取得・保有し、またはそのドメイン名を使用する行為は、「不正競争」とされる(2条1項19号)。

　問題は、いかなる場合に図利加害目的が認められるかという点だが、裁判例は、「不正の利益を得る目的で」とは「公序良俗に反する態様で、自己の利益を不当に図る目的がある場合」としている。また、①自己の保有するドメイン名を不当に高額な値段で転売する目的、②他人の顧客吸引力を不正に利用して事業を行う目的、③当該ドメイン名のウェブサイトに中傷記事や猥褻な情報等を掲載して当該ドメイン名と関連性を推測される企業に損害を加える目的を有する場合などが、「他人に損害を加える目的」の具体例として想定されるとしている(〈mp3事件〉東京地判平成14年7月15日判時1796号145頁)。

(3)設例の検討

　みずから営業の実態がないのにドメインを取得してA社に高額で売りつけようとしているB社には、図利加害目的があるといえるので、B社の行為は「不正競争」にあたる。したがって、A社はドメイン名をB社の言い値で買い取る必要はない。

【8】商品性質の誤認誘導行為等

> ［設例］
>
> 　食品会社のA社が、みりんではないけれどもこれと類似した調味料を「みりんタイプ調味料」と表示して売りだした。ところが、この表示は、中央に黒色の文字で「みりん」と大書され、「タイプ」「調味料」という文字はその下に2行に分けて目立ちにくい色で小さく書かれているにすぎなかった。このような表示は商品の性質を誤認させる不正競争にあたるだろうか。

(1)総説

　自己の商品・役務の原産地・品質を誤認させることで、他の事業者との競争を優位に進めようとすることは、アンフェアである。そこで、2条1項20号は、商品・役務の性質を誤認させるような行為を、不正競争として禁止している。

(2)要件

(a)表示の場所

　商品・役務あるいはその広告、取引書類、通信に表示する場合が対象となる。具体的には、商品の包装やテレビCM、注文書や領収書に表示する場合などである。

(b)表示の内容

　対象となるのは、商品の原産地、品質、内容、製造方法、用途、数量もしくはその役務の質、内容、用途、数量に関する表示である。たとえば、牛肉の販売業者が商品に「松阪牛」と表示したり、通信教育会社が「専門家に採点させています」との表示をしたりする場合があげられる。

(c)規制される行為

　誤認させるような表示をする行為、あるいはその表示をした商品の譲渡、引渡し、譲渡・引渡しのための展示、輸出・輸入、電気通信回線を通じた提供、その表示を付した役務の提供をする行為が規制される。誤認させるような表示にあたるか否かは、取引者・需要者に誤認を生じさせるおそれがあるかにより判断する。

(3)適用除外

　商品や営業について普通名称・慣用表示を普通に用いられる方法で使用する場合には、差止請求権、損害賠償請求権等の規定が適用されない(19条1項1号)。

(4)設例の検討

　まず、「みりんタイプ調味料」との文言が、表品の包装に表示されており、また、商

品の品質・内容に関する表示であることに争いはない。

　では、このような表示は「誤認させるような表示」にあたるだろうか。設例と同様の事案を扱った裁判例（〈本みりんタイプ事件〉京都地判平成2年4月25日判時1375号127頁）は、設例のような表示では、消費者にとって「みりん」の部分が強く印象に残り、「タイプ」と「調味料」の部分はほとんど目にとまらないものとなっていると認定したうえで、このような表示のため、本件商品はみりんでもないのに、消費者に対しあたかも「みりん」であるかのように、商品の品質・内容に誤認を生じさせるとした。この裁判例に照らせば、設例におけるA社の表示は、商品の品質・内容を誤認させる不正競争にあたるといえる。

【9】 信用毀損行為

> ［設例］
>
> 　楽器メーカーのA社は、B社をはじめとする特約店を通じて、ピアノを販売している。ところがC社は、A社の特約店でないにもかかわらず、A社ピアノを格安販売すると宣伝した。そして、それを聞いて来店した客に対して、整備不良のピアノを陳列し、A社のピアノは品質に欠陥があると店員に説明をさせた。C社の広告や店頭での説明は、不正競争にならないだろうか。

(1)総説

　他人の信用を毀損して相対的に自己が競争上優位に立とうとすることは、アンフェアであるといえる。そこで、競争関係にある他人の営業上の信用を害する虚偽の事実を、告知・流布する行為は、「不正競争」とされている（2条1項21号）。

(2)要件

　まず、競争関係の存在があげられる。ただし、具体的な業務が一致している必要はない。たとえば、メーカーと販売店であったり、元請会社と下請会社の間であったりしても、競争関係は認められる。また、現に競争関係がなくても、市場における競合が生じるおそれがあれば、競争関係ありとされる。さらに、告知・流布する情報が客観的事実に反し、かつ、他人の営業上の信用を害するものであることを要する。

(3)設例の検討

　設例では、特約店B社と販売店C社はもちろん、メーカーのA社と販売店C社との間にも競争関係が存在することとなる。また、このような販売店による広告および店頭

での説明は、一体としてA社やB社の営業上の信用を害する虚偽の陳述であるとした裁判例（〈ピアノ百貨店事件〉名古屋地判平成5年1月29日判時1482号148頁）がある。

これらのことを勘案すれば、設例のC社の広告や店頭での説明は、「不正競争」にあたるといえる。

【10】代理人等による商標不正使用

以上のほか、パリ条約の同盟国等において商標権を有する者の代理人や代表者などが、正当な理由なく、同一または類似の商標を使用、譲渡等する行為も「不正競争」とされる（2条1項22号）。なお、普通名称・費用表示や、自己の氏名を使用する場合には、差止請求権、損害賠償請求権等の規定が適用されない（19条1項1号、2号）。

3 「不正競争」以外の違反行為

不正競争防止法には、2条に「不正競争」として列挙されている行為以外にも、禁止されている行為がある。

まず、外国の国旗や紋章、政府の印章、国際機関の標章等を、許可なしに、商標または原産地を誤認させるような方法で、使用したりすることは禁止されている（16条、17条）。また、外国公務員等に対し、不正な目的で、利益供与あるいはその申込み、約束をすることも禁止されている（18条1項）。

これらの行為は、国内のみならず国際間の競争秩序においても反倫理的な行為ということができ、広い意味での不正競争行為となりうるので、不正競争防止法上で禁止されているのである。

ただし、これらは2条の「不正競争」にはあたらないため、違反した場合でも3条、4条による差止め・損害賠償請求をすることはできない。刑事罰が規定されているのみである（21条2項7号、法人の両罰規定につき22条1項）。もっとも、民法709条に基づく損害賠償請求をすることはできる。

4 不正競争防止法違反の効果

【1】差止請求

不正競争によって営業上の利益を侵害され、あるいは侵害されるおそれのある者は、

その営業上の利益を侵害する者または侵害するおそれがある者に対し、侵害の停止・予防を請求することができる（不正競争3条1項）。不正競争行為がなされたような場合、事後的な損害賠償のみならず差止めが認められなければ、企業が実質的な救済を得ることは難しい。しかし、民法709条では、例外的な場合を除き差止請求は認められない。そのため、不正競争行為全般を対象とする差止請求は、不法行為についての特別法である本法の最大の存在意義といえるだろう。なお、営業秘密・限定提供データの使用行為に対する差止請求権は、消滅時効にかかることに注意が必要である（不正競争15条）。

　また、差止請求をする際には、侵害組成物を廃棄する等の必要な措置を請求することができる（3条2項）。必要な措置としては、模倣商品の廃棄等のほか、商号登記の抹消請求も認められている（〈ゲラン事件〉大阪地判平成2年3月29日判時1353号111頁等）。ただし、商品の廃棄などをあまりに広く認めすぎると、相手方に過剰な負担を与えることになる。そこで、たとえば商品と切り離して表示のみを抹消することができる場合には、商品の廃棄請求までは認めず、表示の抹消のみが認められる（〈ロンシャン図柄事件〉大阪地判昭和56年1月30日無体裁集13巻1号22頁など）。

【2】損害賠償請求

⑴概要

　故意・過失により不正競争を行って、他人の営業上の利益を侵害した者は、それによって生じた損害を賠償しなければならない（4条）。なお、不正競争以外の禁止行為の場合には、民法709条による損害賠償請求ができるにとどまる。

⑵損害額の推定（不正競争5条）

　これは、損害額の立証が困難であることから設けられたものである。特許法102条、著作権法114条にも同様の損害推定規定がおかれている。不正競争防止法5条は、以下の3つを損害の額として推定する。

5−10

①侵害者が譲渡した譲渡数量（α）に被害製品の単位数量あたりの利益額（β）を乗じた額（$\alpha \times \beta$）のうち、被侵害者の販売等の能力を超えない限度の額（5条1項）
②侵害者が得た利益相当額（5条2項）
③侵害行為に対して受けるべき金銭の額に相当する額の金銭（5条3項）

【3】立証責任の転換

　本来、相手方の不正競争行為について立証責任を負うのは、被侵害者側である。

もっとも、営業秘密の使用行為に関しては、侵害者側の情報を被侵害者が集めることは困難であり、そのため、侵害者による営業秘密の使用を立証することは容易ではなかった。そこで、2015年改正により、一定の場合には、営業秘密の不正使用行為についての立証責任を侵害者側に転換することとされた(5条の2)。

【4】信用回復措置

　故意・過失により不正競争を行って、他人の営業上の信用を害した者に対して、裁判所は、当事者の請求により、信用を回復するのに必要な措置をとるよう命じることができる(14条)。具体的には、侵害者に対して謝罪広告を命じることがあげられる。これについても、不正競争以外の禁止行為の場合には、民法723条の限度でしか認められない。

【5】刑事罰

　不正競争防止法に違反する行為のうち、一定の行為については、刑事罰が定められている。具体的には、21条1項各号、3項各号が営業秘密侵害罪の類型を規定し、21条2項各号がその他の侵害罪の類型を規定している。刑事罰の対象となるには、一部を除き、図利加害目的などの主観的要件が必要である。なお、21条4項により、営業秘密侵害罪に関しては、一部を除き、未遂行為も処罰される。

　また、法人の従業員等が法人の業務に関して以上の違反行為をした場合は、その法人も最大で10億円の罰金刑を受けるという両罰規定がある(22条)。

第 6 章

独占禁止法

1 独占禁止法と知的財産法

【1】独占禁止法と知的財産法は矛盾するのか

　独占禁止法は私的独占を禁止している。しかし一方で、前章までに説明をした知的財産法は、発明等の保護のため、むしろ新技術等の独占を認めている。そうだとするならば、この2つの法分野は矛盾しているのであろうか。

　独占禁止法は、不当な独占を生みだす行為を防ぐことで、自由で公正な競争を促進することを目的としている。他方、知的財産法は、たしかに権利侵害の排除を認めており、これは競争の排除といえる。しかし、知的財産法は不当な知的財産の利用を防ぐために正当な独占を認めているのであり、これによって排除されるのは、自由競争ではなく不正な競争である。

　そうだとすれば、独占禁止法と知的財産法はともに、不正な競争を排除して自由競争を確保しようとする法律であり、両者は矛盾しないといえるであろう。つまり、たとえ知的財産権の行使によって侵害者の行為が差し止められて、侵害者による競争が排除されることになっても、それは独占禁止法と抵触はしないのである。

【2】独占禁止法と知的財産法との関係

　独占禁止法と知的財産法との関係については、独占禁止法21条が、「この法律の規定は、著作権法、特許法、実用新案法、意匠法又は商標法による権利の行使と認められる行為にはこれを適用しない」としている。知的財産権の尊重を趣旨とする規定である。

　前述のとおり、独占禁止法と知的財産法とは矛盾するものではないから、本条は確認的な性質の規定であり、本来違法とすべき行為について適用除外を設けたものではないと一般に解されている。そうであるとすれば、本条に掲げられていない半導体集積回路保護法や種苗法による権利行使についても、独占禁止法の規定は適用されない

こととなる。

【3】ライセンス条件設定の適法性

(1)原則

　知的財産法と独占禁止法とが接触を生じる場面はいくつか考えられるが、ここではそのひとつとして、ライセンス条件に関する問題の概略を取り上げる。

　前述のように、知的財産法に基づく適法な権利行使と認められる行為に関しては、独占禁止法違反とはならない(21条)。したがって、ライセンス契約に時間的制限や地域的制限、数量的制限を課しても、原則として独占禁止法には違反しない。

(2)例外

　もっとも、知的財産法の趣旨を逸脱しあるいは目的に反して、実質的にみると知的財産法に基づく権利行使と認めるべきでないような行為については、例外的に独占禁止法違反となることがある。この点に関しては、「知的財産の利用に関する独占禁止法上の指針」(平成19年９月28日公正取引委員会)等いくつかのガイドラインや、公正取引委員会内に設置された研究会の報告書がだされている。独占禁止法の違反要件の規定は、抽象性が高く、具体的にどのような行為が違反とされるのかを条文から判断するのは困難であるから、具体的な実例を交えながら説明している公正取引委員会のガイドラインは、具体的イメージをつかむのに非常に有用である。会社の行うライセンス契約等が独占禁止法違反となれば、会社は後記の法的措置の対象となるし(②参照)、社会的信用の失墜は避けられない。そのため、慎重にガイドラインを確認する必要性がある。公正取引委員会に事前相談し、回答を得るということもできる。

　ここでは、例外的に独占禁止法違反となる場合で、ライセンス契約のなかでも実務上重要と思われるパテントプール、マルティプルライセンス、クロスライセンスについて概説する。

⒜パテントプール

　パテントプールとは、ある技術について権利を有する複数の者が、それぞれが有する権利または当該権利についてライセンスをする権利を一定の企業体や組織体に集中し、当該企業体や組織体を通じてパテントプールの構成員等が必要なライセンスを受けるものをいう。パテントプールは、事業活動に必要な技術の効率的利用に資するものであり、技術を相互に補完しあうことになるから、競争が促進されるといえ、それ自体がただちに不当な取引制限に該当するものではない。しかしながら、一定の技術市場において代替関係にある技術について権利を有する者同士が、それぞれ有する権利についてパテントプールを通じてライセンスをすることとし、その際のライセンス

条件(技術の利用の範囲を含む)について共同で取り決める行為は、当該技術の取引分野における競争を実質的に制限する場合には、不当な取引制限(2条6項)として、独占禁止法違反となる(「知的財産の利用に関する独占禁止法上の指針」第3-2-(1))。

たとえば、自動麻雀卓についての必須特許権をそれぞれ有する複数の者が、当該特許権をもちよって、パテントプールを形成し、それぞれ有する権利についてパテントプールを通じてライセンスをすることとし、その際のライセンス条件について共同で取り決めたとしよう。この場合は、新たに自動麻雀卓を製造、販売したいと考える者は、当該プールの、共同で決められたライセンス条件をのまざるをえない。本来なら、ライセンス料について、必須特許を有している者の間で価格競争があり、新規参入者は、このうちもっとも自己に有利なライセンス条件で契約を結ぶことができた。そして、新規参入者も含めた者同士で競争がうまれていただろう。こうしたことを考えれば、パテントプール内での取り決めが、不当な取引制限となることにも合理性がある。

不当な取引制限に該当するとなれば、排除措置命令や課徴金納付命令を受けることになりかねない。特許権者としては、競争が実質的に制限されるようなパテントプール内での共同の取り決めを設けないように注意する必要がある。

(b)マルティプルライセンス

マルティプルライセンスとは、ある技術を複数の事業者にライセンスをすることをいう。マルティプルライセンスは、複数の事業者にライセンスするものであり、競争者を増加させるものであるから、競争を促進するものといえる。しかしながら、マルティプルライセンスにおいて、ライセンサーおよび複数のライセンシーが共通の制限を受けるとの認識のもとに、当該技術の利用の範囲、当該技術を用いて製造する製品の販売価格、販売数量、販売先等を制限する行為は、これら事業者の事業活動の相互拘束にあたる。このような行為が、当該製品の取引分野における競争を実質的に制限する場合には、不当な取引制限に該当する。また、同様の認識のもとに、当該技術の改良・応用研究、その成果たる技術についてライセンスをする相手方、代替技術の採用等を制限する行為も、技術の取引分野における競争を実質的に制限する場合には、不当な取引制限として、独占禁止法違反となる(「知的財産の利用に関する独占禁止法上の指針」第3-2-(2))。

(c)クロスライセンス

クロスライセンスとは、技術に権利を有する複数の者が、それぞれの権利を、相互にライセンスすることをいう。クロスライセンスは、パテントプールやマルティプルライセンスに比べて、関与する事業者が少数であることが多い。クロスライセンスにおいては、関与する事業者が少数であっても、それらの事業者が一定の製品市場にお

いて占める合算シェアが高い場合に、当該製品の対価、数量、供給先等について共同で取り決める行為や、他の事業者へのライセンスを行わないことを共同で取り決める行為は、前記のパテントプールと同様の効果、つまり競争を制限する効果を有することとなる。したがって、パテントプールと同様に、当該製品の取引分野における競争を実質的に制限する場合には、不当な取引制限に該当し、独占禁止法違反となる（「知的財産の利用に関する独占禁止法上の指針」第3－2－(3)）。

2 独占禁止法違反に対する法的措置

独占禁止法に違反した場合にとられる法的措置には、①行政的措置、②民事的措置、③刑事罰がある。

【1】行政的措置
⑴排除措置命令
公正取引委員会は、独占禁止法違反行為があると、当該行為の差止めなどを命ずることができる（7条、20条等）。もっとも、実務上、排除措置命令がだされるのは、社会的な影響が大きい事件にかぎられている。

公正取引委員会は、排除措置命令をしようとするときは、当該排除措置命令の名宛人となるべき者について、意見聴取の機会を与えなければならない（49条以下）。これは、手続の適正化を図るための規定である。

⑵課徴金納付命令
公正取引委員会は、一定の違反行為を行った事業者に対しては、課徴金の納付を命令しなければならない（7条の2、8条の3）。ただし、課徴金の額が100万円未満であるときは、納付を命ずることができない。課徴金の額は、原則として、売上高の10パーセントである。しかし、カルテル等の規制に違反した事業者が自主的に公正取引委員会に通報した場合には、その事業者の課徴金を減免する制度（リニエンシー・プログラム）が導入されている（7条の4、8条の3）。

⑶その他の措置
公正取引委員会は、以上のような法的措置をとるに足る証拠が得られなかった場合でも、違反の疑いがあるときは警告を行っている。また、違反を疑うに足る証拠も得られなくても、違反につながるおそれのある行為が認められたときは、注意を行っている。これらは行政指導の一種である。

また、2016年改正により、独占禁止法違反の疑いがある場合に、公正取引委員会と事業者の間の合意により自主的に解決する制度として確約手続が導入された（48条の2から48条の9まで）。確約手続が、認定されれば、排除措置命令や課徴金納付命令は、行われなくなる（48条の4）。

【2】 民事的措置

⑴損害賠償請求

　他者の独占禁止法違反行為によって損害を被った者は、損害賠償請求をすることができる（25条、民709条）。

　このうち、独占禁止法25条においては違反者の故意・過失がなくても損害賠償請求が認められるが（2項）、排除措置命令等確定後でなければ主張することができない（26条1項）。また、第一審は東京地方裁判所が担当する（85条の2）。他方、民法709条であれば審決確定前でも主張することができるが、違反者の故意・過失が必要となる。

⑵差止請求

　不公正な取引方法がなされた場合、被害者は、当該行為の差止請求をすることができる（独禁24条）。

【3】 刑事罰

　独占禁止法違反行為に対しては、刑事罰が科される場合がある（89条、91条、91条の2等）。この場合、法人にも罰金が科される（95条）。ただし、公正取引委員会の告発があってはじめて、起訴が可能となる（96条1項）。

第 **7** 章

知的財産権の国際的保護

1 国際的保護の必要性

　これまで、日本で特許権等の権利を受けるための要件や手続を説明してきた。では、日本で特許権等を受ければ、世界中で権利行使できるのであろうか。

　たしかに、ある発明が日本でなされた場合、それが優れたものであれば、当然世界中に広まっていくことだろう。しかし、だからといって、日本で受けた特許権は当然に世界中で行使できるということにはならない。特許法が産業の発達を目的としていることからもわかるとおり、知的財産法秩序は政策的に決定される面が少なくないため、各国の知的財産法制はまちまちであり、一国の特許権は当該国内にのみ及ぶのが原則である(属地主義の原則)。

　したがって、日本で受けた特許権は当然には世界で通用せず、もし日本で特許権を受けた発明についてアメリカでも保護を受けたければ、アメリカ法にのっとってアメリカの特許当局に出願をしなければならない。

　もっとも、同一の発明について、アメリカでも出願し、韓国でも出願し、スペインでも出願し……ということになれば、出願人には相当な負担がかかる(前述のとおり、大半の国が先願主義であることからすればなおさらである)。また、このような状況を放置することは、世界的規模での産業の発達にもマイナスとなる。とはいえ、各国の政策面での利害が絡んでくるので、統一された世界特許のような制度を構築することも、現実的には困難である。

　そこで、せめて各国知的財産秩序の調和、つまりハーモナイゼーションを図るため、数多くの条約や協定が締結されてきた。日本もそうした知的財産を保護する国際的な条約に加盟している。条約はこれを誠実に遵守する義務があるため(憲98条2項)、知的財産法においても、条約に別段の定めがある場合にはその規定によるとされている(条約優先の原則、特許26条、実用新案2条の5第4項、意匠68条4項、商標77条4項、著作5条)。すなわち国内法の解釈や改正にあたっては、条約の枠内でこれを行わなけ

ればならないという制約が生じているのである。

そのような条約のうち、主要なものについて、以下で概要を説明していく。

2 工業所有権に関する条約

工業所有権に関する条約としては、大別して工業所有権全般を対象としたパリ条約と、各個の権利を対象とした特許協力条約等がある。

7-1

```
┌─ 工業所有権全般を対象とするもの  ……パリ条約
│
└─ 個別の権利を対象とするもの ┬ 特許権・実用新案権  ……特許協力条約（PCT）
                          ├ 意匠権          ……ヘーグ協定
                          └ 商標権          ……マドリッド協定等
```

【1】パリ条約

1883年にパリで成立し、その後数次の改正を経た、工業所有権の保護に関する同盟条約である。世界の大半の国々が加盟しており、わが国も1899年に加入している。特許権をはじめ、実用新案権、意匠権、商標権といった工業所有権全般について、優先権制度等を定めているほか、商号の保護や不正競争の防止についても規定している。また、「同盟国は、この条約の規定に抵触しない限り、別に相互間で工業所有権の保護に関する特別の取極を行う権利を留保する」(19条)という規定があり、ここにいう特別取極として、後述する特許協力条約等多くの条約が締結されている。

パリ条約の主な内容としては、①内国民待遇の原則、②優先権制度、③特許独立の原則の3つがあげられる。

⑴内国民待遇の原則

外国人であっても、同盟国の国民またはこれに準じる者には、自国の国民と同一の保護を認める原則をいう(2条、3条)。内外人平等の原則ともいう。ただし、自国の制度に従うかぎりにおいてであることはもちろんである。たとえば、日本人がアメリカで特許出願をする場合、アメリカの特許法にのっとった出願をすれば、アメリカ人が受けるのと同様の保護を受けることができる。

(2)優先権制度

　工業所有権の出願手続を、各国ごとに行うことによって生じる時間的な不利を解消するための制度である。具体的には、自国で出願してから12か月以内(意匠・商標では6か月以内)の期間(優先期間という)に外国出願をすれば、その外国出願について、自国出願時に出願したのと同様に扱われる(4条)。これによって、不慣れな外国の手続に従って外国語で出願するといったハンデを、補うことができるわけである。たとえば、日本で出願した後、12か月以内に、順次フランス、韓国で優先権制度を利用して特許出願をすれば、日本で出願した時を基準に、新規性等の要件が判断されることになる。

7-2

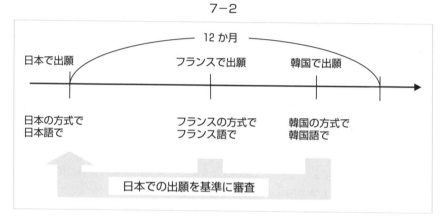

(3)特許独立の原則

　各国で取得された特許はそれぞれ他国の特許から独立である、という原則をいう(4条の2)。たとえば、日本で特許権を受けられたからといって、アメリカやドイツでも特許権を受けられるとはかぎらず、逆に日本で特許権を受けられなかったからといって、必ずしもアメリカやドイツでも受けられないというわけでもない。また、日本で特許権の無効が確定したからといって、同一発明について他国での特許権まで無効とされることはない、ということになる。

WIPO

　世界知的所有権機関(World Intellectual Property Organization)の略称である。全世界にわたって知的所有権の保護を促進するための国際機関として、1970年に設立された。本部はスイスのジュネーブにある。パリ条約に基づくパリ同盟、ベルヌ条約に基づくベルヌ同盟の管理業務も行っている。

【2】 特許協力条約（PCT）

　パリ条約19条の特別取極として、1970年に成立した。特許と実用新案を対象に、国際出願を定めている。出願人は、自国に自国の方式で出願することによって、複数国で出願の効果を生じさせることができる。

　国際出願のおおよその流れを、パリ条約による優先権制度と比較しつつ図示すると、次のようになる（日本人がはじめに日本語で日本特許庁に出願したうえで、ドイツと韓国でも特許権を受けようとした場合を例としている）。

7-3

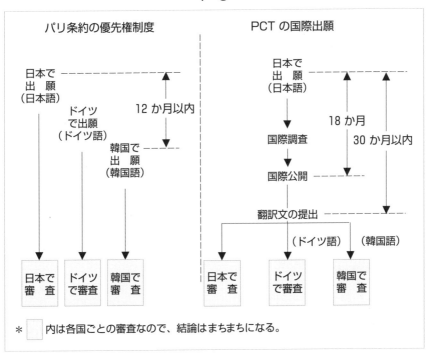

【3】 その他の工業所有権に関する主な条約類

　まず意匠については、1925年に、パリ条約19条の特別取極として、ヘーグ協定が締結されている。意匠の国際登録を内容とした条約であり、わが国も2015年に加盟している。

　次に、商標に関しては、やはりパリ条約19条の特別取極にあたる、1891年のマドリッド協定と、1989年の標章の国際登録に関するマドリッド協定の議定書（いわゆるマ▽

ドリッド・プロトコル)がある。このうち、前者は無審査主義国を想定したものであり、わが国は加盟していなかったが、後者には加盟している。マドリッド・プロトコルの特徴としては、国際登録後5年以内に、国際登録の基礎となった本国での出願について、出願の拒絶または登録の無効・取消しがあったときは、国際登録も効力を失う（セントラル・アタック）といった点がある。アメリカがマドリッド・プロトコルに加盟し、またEUも、各構成国と別にEUとして加盟していることから、今後、わが国でも国際登録出願が増加するものと思われる。商標に関しては、このほかにも商標法条約(TLT)という登録手続の簡素化を定めた条約がある。

3 著作権に関する条約

【1】ベルヌ条約

　著作権に関しては、まず、1886年に成立したベルヌ条約がある。わが国も1899年に加盟している。これまで数次の改正を経ており、その事務はWIPOが行っている。

　ベルヌ条約の主な内容としては、①同盟国の国民に対する内国民待遇の原則（5条1項）、②著作権の成立や行使に何らの方式を要しないという無方式主義（5条2項）、③著作者の死後50年という保護期間（7条1項）、④一身専属的な著作者人格権の保護（6条の2）があげられる。なお、7条6項により同盟国はベルヌ条約の定める保護期間よりも長い保護期間を定めることができる。そのため、著作権法が著作権の保護期間を原則として著作者の死後70年としていることは、ベルヌ条約との関係で特に問題となるものではない。

【2】万国著作権条約(UCC)

　著作権について、無方式主義をとるベルヌ同盟の国々と、アメリカをはじめとする方式主義の国々との両方が加入できる条約として、1952年に成立した条約である。わが国も加入している。その事務はユネスコが行っている。

　主な内容としては、内国民待遇の原則（2条）のほか、方式主義と無方式主義の架け橋となる©表示についての規定がある（3条）。これは、無方式主義の締約国の出版物は、その複製物に著作権者名、最初の発行年とともに©の記号を表示すれば、方式主義の締約国でも保護を受けられるというものである。©はcopyrightに由来する。身近な例としては、大抵の書籍の奥付にある「©2021 Makoto Ito.」といった表示がある。また、ベルヌ条約との関係では、ベルヌ条約が優位する（万国著作権条約17条）。

日本で©表示をすることの意義

　前述のように日本の著作権法は無方式主義を採用している。そのため、日本国内にかぎって
いえば、当然、©表示がなくても著作権は保護される。しかし、表示をすることによって著作
権者と発行年が公示されるので、侵害行為に対する警告という事実上の効果が期待できる。

【3】 その他の条約

　実演家、レコード製作者および放送機関の権利を保護する条約として、1961年に
ローマ条約（実演家等保護条約）が成立した。ここでもやはり内国民待遇の原則がとら
れているほか、©と同様の意義をもつ℗表示（℗はphonogramに由来する）について規定
している（11条）。

　また、他の条約としては、WIPOで1996年に採択されたWIPO著作権条約（WCT）と、
WIPO実演・レコード条約（WPPT）がある。これらは、現代社会のデジタル化・ネッ
トワーク化に対応した権利保護が特徴である。

TRIPs協定

　1994年のWTO（世界貿易機関）設立協定の付属書のひとつで、正式には「知的所有権の貿易関
連の側面に関する協定」という。知的財産権全般について、既存の条約による権利保護が補完・
強化されているほか、紛争解決手続等に関する規定も設けられている。

事項索引

判例・審決索引

◆伊藤　真（いとう　まこと）

　1981年、大学在学中に1年半の受験勉強で司法試験に短期合格。同時に司法試験受験指導を開始する。1982年、東京大学法学部卒業。1984年、弁護士として活動しつつ受験指導を続け、法律の体系や全体構造を重視した学習方法を構築し、短期合格者の輩出数、全国ナンバー1の実績を不動のものとする。

　1995年、憲法の理念をできるだけ多くの人々に伝えたいとの思いのもとに15年間培った受験指導のキャリアを生かし、伊藤メソッドの司法試験塾をスタートする。

　現在は、予備試験を含む司法試験や法科大学院入試のみならず、法律科目のある資格試験や公務員試験をめざす人たちの受験指導をしつつ、「一人一票実現国民会議」および「安保法制違憲訴訟」の発起人となり、弁護士として社会的問題にも積極的に取り組んでいる。

　「伊藤真試験対策講座」〔全15巻〕（弘文堂刊）は、伊藤メソッドを駆使した本格的テキストとして多くの読者に愛用されている。本講座は、実務法律を対象とした、その姉妹編である。
（一人一票実現国民会議URL:https://www2.ippyo.org/）

伊藤塾
〒150-0031　東京都渋谷区桜丘町17-5　03(3780)1717
https://www.itojuku.co.jp

知的財産法［第5版］【伊藤真実務法律基礎講座3】

2004（平成16）年6月15日　初版1刷発行
2006（平成18）年4月15日　第2版1刷発行
2008（平成20）年12月30日　第3版1刷発行
2012（平成24）年9月15日　第4版1刷発行
2021（令和3）年5月30日　第5版1刷発行

監修者　伊藤　真
著者　伊藤　塾
発行者　鯉渕友南
発行所　株式会社　弘文堂　　101-0062 東京都千代田区神田駿河台1の7
　　　　　　　　　　　　　　TEL 03(3294)4801　　振替 00120-6-53909
　　　　　　　　　　　　　　https://www.koubundou.co.jp
装丁　笠井亞子
印刷　三美印刷
製本　井上製本所

ISBN978-4-335-31287-8

伊藤真実務法律基礎講座

伊藤メソッドで実務法律を学ぼう！「伊藤真試験対策講座」の実務法律版。実務に役立つ各法律の全体像とどうしても知っておきたい基礎知識を短時間でマスターできるコンパクトなテキスト。実務に必要な重要論点・法律問題をピックアップし、法的問題に取り組むための基本的な考え方を示す通説・判例をすっきり整理。実務で起こる具体的な紛争を解決するための基礎力が身につく、実務法律を初めて学ぶ人に最適のシリーズ！

- ➲「伊藤真試験対策講座」の実務法律版。
- ➲ 実務法律を初心者にもわかりやすく解説。
- ➲ 実務で起こる様々な紛争を解決するための基礎力を養成。
- ➲ 実務法律の全体像を短時間でマスター可能。
- ➲ 実務に必要な基礎知識を網羅。
- ➲ 図表の多用・2色刷によるビジュアルな構成。
- ➲ 具体的な事例と判例を重視した内容。
- ➲ 各種試験を突破して実務の世界にいままさに入ろうとしている人、実務家として走り出したばかりの人、企業の法務部や現場で実務法律と格闘しているビジネスパーソン、さらに、各種資格試験のみならず大学の学部試験対策にも最適。

労働法[第4版]	2400円
倒産法[第2版]	2100円
知的財産法[第5版]	2000円
国際私法[第3版]	2200円
民事執行法・民事保全法	2500円
経済法	1900円
国際公法	2200円

(以下、随時続刊)

弘文堂

＊価格(税別)は2021年5月現在

伊藤真試験対策講座

論点ブロックカード・フローチャートなど司法試験受験界を一新する勉強法を次々
と考案し、導入した伊藤真が、全国の受験生・法学部生・法科大学院生に贈る、
初めての本格的な書き下ろしテキスト。伊藤メソッドによる「現代版基本書」！

- ●論点ブロックカードで、答案の書き方が学べる。
- ●フローチャートで、論理の流れがつかめる。
- ●図表・２色刷りによるビジュアル化。
- ●試験に必要な重要論点をすべて網羅。
- ●短期集中学習のための効率的な勉強法を満載。
- ●司法試験をはじめ公務員試験、公認会計士試験、司法書士試験に、
  そして、大学の期末試験対策にも最適。

弘文堂

＊価格（税別）は2021年5月現在

伊藤塾試験対策問題集

●予備試験論文

伊藤塾が満を持して予備試験受験生に贈る予備試験対策問題集！
過去問と伊藤塾オリジナル問題を使って、合格への最短コースを示します。
合格者の「思考過程」、答案作成のノウハウ、復習用の「答案構成」や「論証」など工夫満載。出題必須論点を網羅し、この1冊で論文対策は完成。

1	刑事実務基礎	2800円	6	民法[第2版]	2800円
2	民事実務基礎[第2版]	3200円	7	商法[第2版]	2800円
3	民事訴訟法[第2版]	2800円	8	行政法	2800円
4	刑事訴訟法	2800円	9	憲法	2800円
5	刑法	2800円			

●論文

司法試験対策に最適のあてはめ練習ができる好評の定番問題集！
どんな試験においても、合格に要求される能力に変わりはありません。問題を把握し、条文を出発点として、趣旨から規範を導き、具体的事実に基づいてあてはめをし、問題の解決を図ること。伊藤塾オリジナル問題で合格に必要な能力を丁寧に養います。

1	刑事訴訟法	3200円	4	憲法	3200円
2	刑法	3000円	7	行政法	3200円

●短答

短答式試験合格に必須の基本的知識がこの1冊で体系的に修得できる！
伊藤塾オリジナル問題から厳選した正答率の高い良問を繰り返し解き、完璧にマスターすれば、全範囲の正確で確実な知識が身につく短答問題集です。

1	憲法	2800円	4	商法	3000円
2	民法	3000円	5	民事訴訟法	3300円
3	刑法	2900円			

新 伊藤塾試験対策問題集

●論文

合格答案作成ビギナーにもわかりやすい記述試験対策問題集！
テキストや基本書で得た知識を、どのように答案に表現すればよいかを伝授します。
法的三段論法のテクニックが自然に身につく、最新の法改正に完全対応の新シリーズ。
「伊藤塾試験対策講座」の実践篇として、効率よく底力をつけるための論文問題集です。

1	民法	2800円	3	民事訴訟法	2900円
2	商法	2700円			

弘文堂

＊価格（税別）は2021年5月現在

伊藤真ファーストトラックシリーズ

Fast Trackとは、重要で大切なものに速く効率よく辿り着くための他とは別扱いのルート（＝特別の早道、抜け道、追い越し車線、急行列車用の線路）のことです。わかりやすく、中味が濃い授業をユーモアで包むと、Fast Track になりました。初学者にとっての躓きの石を取り除いてくれる一気読みできる新シリーズ。圧縮された学習量、適切なメリハリ、具体例による親しみやすい解説で、誰もが楽しめる法律の世界へLet's Start!

- ▶法律学習の第一歩として最適の入門書
- ▶面白く、わかりやすく、コンパクト
- ▶必要不可欠な基本事項のみに厳選して解説
- ▶特に重要なテーマについては、具体的な事実関係をもとにしたCaseとその解答となるAnswerで、法律を身近に感じながら学習
- ▶判例・通説に基づいたわかりやすい解説
- ▶図表とイラスト、2色刷のビジュアルな紙面
- ▶側注を活用し、重要条文の要約、判例、用語説明、リファレンスを表示
- ▶メリハリを効かせて学習効果をあげるためのランク表示
- ▶もっと先に進みたい人のためのプラスα文献
- ▶知識の確認や国家試験等の出題傾向を体感するためのExercise
- ▶時事的な問題や学習上のコツを扱うTopics

1 憲法		1800円
2 民法[第2版]		2000円
3 刑法		1800円
4 商法[第2版]		1900円
5 民事訴訟法[第2版]		1900円
6 刑事訴訟法[第2版]		1900円
7 行政法		1900円

弘文堂

＊価格(税別)は2021年5月現在